中国古代瓷器

李楠 编著

中国商业出版社

图书在版编目（CIP）数据

中国古代瓷器／李楠编著．－－北京：中国商业出版社，2015.5
ISBN 978－7－5044－8504－5

Ⅰ．①中… Ⅱ．①李… Ⅲ．①古代陶瓷－介绍－中国 Ⅳ．①K876.3

中国版本图书馆 CIP 数据核字（2015）第 117081 号

责任编辑：刘洪涛

中国商业出版社出版发行
010－63180647　www.c-cbook.com
（100053 北京广安门内报国寺 1 号）
新华书店总店北京发行所经销
北京飞达印刷有限责任公司

*

710×1000 毫米　16 开　12.5 印张　200 千字
2015 年 8 月第 1 版　2015 年 8 月第 1 次印刷
定价：25.00 元

* * *
（如有印装质量问题可更换）

《中国传统民俗文化》编委

主　编	傅璇琮	著名学者，原国务院古籍整理出版规划小组秘书长，清华大学古典文献研究中心主任教授，原中华书局总编辑
顾　问	蔡尚思	著名历史学家，中国思想史研究专家
	卢燕新	南开大学文学院副教授
	王永波	四川省社会科学院文学研究所副研究员
	叶　舟	中国思维科学研究院院长，清华大学、北京大学特聘教授
	于春芳	北京第二外国语学院教授
	杨玲玲	西班牙文化大学文化与教育学博士
编　委	陈鑫海	首都师范大学中文系博士
	李　敏	北京语言大学古汉语古代文学博士
	赵　芳	出版社高级编辑，曾编辑出版过多部文化类图书
	韩　霞	山东教育基金会理事，作家
	陈　娇	山东大学哲学系讲师
	吴军辉	河北大学历史系讲师
	石雨祺	出版社高级编辑，曾编辑出版过多部历史类图书
	王　欣	全国特级教师
策划及副主编		王　俊

序　言

　　中国是举世闻名的文明古国，在漫长的历史发展过程中，勤劳智慧的中国人，创造了丰富多彩、绚丽多姿的文化，可以说人创造了文化，文化创造了人，这些经过锤炼和沉淀的古代传统文化，凝聚着华夏各族人民的性格、精神、智慧，是中华民族相互认同的标志和纽带。在人类文化的百花园中摇曳生姿，展现着自己独特的风采，对人类文化的多样性发展做出了巨大贡献。中国传统民俗文化内容广博，风格独特，深深地吸引着世界人民的眼光。

　　正因如此，我们必须深入学习贯彻十八届三中全会精神，按照中央的规定，加强文化建设。2006年5月，时任浙江省委书记的习近平同志就已提出："文化通过传承为社会进步发挥基础作用，文化会促进或制约经济乃至整个社会的发展。"又说："文化的力量最终可以转化为物质的力量，文化的软实力最终可以转化为经济的硬实力"（《浙江文化研究工程成果文库总序》）。今年他去山东考察时，又再次强调：中华民族伟大复兴，需要以中华文化发展繁荣为条件。

　　学习习近平同志的重要讲话，确可体会到，在政治、经济、军事、社会和自然要素之中，文化是协调各个要素协同发展、相关耦合的关健。正因为此，我们应该对华夏民族文化进行广阔、全面的检视。我们应该唤醒我们民族的集体记忆，复兴我们民族的伟大精神，发展和繁荣中华民族的优秀文化，为我们民族在强国之路上阔步前行创设先决条件。

实现民族文化的复兴，更必须传承中华文化的优秀传统。现代中国人，特别是年轻人，对传统文化十分感兴趣，蕴含感情。但当下也有人对具体典籍、历史事实不甚了解，比如说，中国是书法大国，谈起书法，有些人或许只知道些书法大家如王羲之、柳公权等等的名字，知道《兰亭集序》是千古书法珍品，仅此而已。再比如说，我们都知道中国是闻名于世的瓷器大国，中国的瓷器令西方人叹为观止，中国也因此而获得了"瓷器之国"（英语 china 的另一义即为瓷器）的美誉。然而关于瓷器的由来、形制的演变、纹饰的演化、烧制等等瓷器文化的内涵，就知之甚少了。中国还是武术大国，然而国人的武术知识，或许更多地来源于一部部精彩的武侠影视作品，对于真正的武术文化，我们也难以窥其堂奥了。我们还是崇尚玉文化的国度，我们的祖先，发现了这种"温润而有光泽的美石"，并赋予了这种冰冷的自然物以鲜活的生命力和文化性格，例如"君子当温润如玉"、女子应"冰清玉洁"、"守身如玉"；"玉有五德"，即"仁"、"义"、"智"、"勇"、"洁"，等等。今天，熟悉这些玉文化的内涵的国人，也为数不多了。

　　也许正有鉴于此，有忧于此，近年来，已有不少有志之士，开始了复兴中国传统文化的努力，读经热开始风靡海峡两岸，不少孩童乃至成人，开始重拾经典，在故纸旧书中品味古人的智慧，发现古文化历久弥新的魅力。电视讲坛里一波又一波对古文化的讲述，也吸引着数以万计的人们，重新审视古文化的价值。现在放在读者眼前的这套"中国传统民俗文化丛书"，也是这一努力的又一体现。我们现在确应注重研究成果的学术价值和应用价值，充分发挥其认识世界、传承文化、创新理论、咨政育人的重要作用。

　　中国的传统文化内容博大，体系庞杂，该如何下手，如何呈现？这套丛书处理得可谓系统性强，别具心思。编者分别按物质文化、制度文化、精神文化等方面来分门别类地进行组织编写，例如在物质文化的层面，就有中国古代纺织、中国古代酒具、中国古代农具、中国古代青铜器、中国古代钱币、中国古代石刻、中国古代木雕、中国古代建筑、中国古代砖瓦、中国古代玉器、中国古代陶器、中国古代漆器、中国古代桥梁等等。

在精神文化的层面,就有中国古代书法、中国古代绘画、中国古代音乐、中国古代艺术、中国古代篆刻、中国古代家训、中国古代戏曲、中国古代版画等等;在制度文化的层面,就有中国古代科举、中国古代官制、中国古代教育、中国古代军队、中国古代法律等等。

此外,在历史的发展长河中,中国各行各业还涌现出一大批杰出的人物,至今闪耀着夺目的光辉,启迪后人,示范来者,对此,这套丛书也给予了应有的重视,中国古代名将、中国古代名相、中国古代名帝、中国古代文人、中国古代高僧等等,就是这方面的体现。

生活在21世纪的我们,或许对古人的生活颇感好奇,他们的吃穿住用如何?他们如何过节?如何安排婚丧嫁娶?如何交通?孩子如何玩耍?等等。这些饶有兴趣的内容,这套中国传统民俗文化丛书,都有所涉猎,例如中国古代婚姻、中国古代丧葬、中国古代节日、中国古代风俗、中国古代礼仪、中国古代饮食、中国古代交通、中国古代家具、中国古代玩具、中国古代鞋帽等等,这些书籍介绍的,都是人们深感兴趣,平时却无从知晓的内容。

在经济生活的层面,这套丛书安排了中国古代农业、中国古代纺织、中国古代经济、中国古代贸易、中国古代水利、中国古代车马、中国古代赋税等等内容,足以勾勒出古人经济生活的主要内容,让今人得以窥见自己祖先曾经的经济生活情状。

在物质遗存方面,这套丛书则选择了中国古镇、中国古楼、中国古寺、中国古陵墓、中国古塔、中国古战场、中国古村落、中国古街、中国古代宫殿、中国古代城墙、中国古关等内容。相信读罢这些书,喜欢中国古代物质遗存的读者,已经能大致掌握这一领域的大多数知识了。

除了上述内容外,其实还有很多难以归类却饶有兴趣的内容,例如中国古代的乞丐这样的社会史内容,也许有助于我们深入了解这些古代社会底层民众的真实生活情状,走出武侠小说家们加诸他们身上的虚幻不实的丐帮色彩,还原他们的本来面目,加深我们对历史真实的了解。继承和发扬中华民族几千年创造的的优秀文化和民族精神是我们责无旁贷的历史责任。

不难看出,单就内容所涵盖的范围广度来说,有物质遗产,有非物质遗产,还有国粹。这套丛书无疑当得起"中国传统文化的百科全书"的美誉了。这套书还邀约了大批相关的专家、教授参与并指导了稿件的编写工作。应当指出的是,这套书在写作中,既钩稽、爬梳大量古代文化文献典籍,又参照近人与今人的研究成果,将宏观把握与微观考察相结合。在论述、阐释中,既注意重点突出,又着重于论证层次清晰,从多角度、多层面对文化现象与发展加以考察。这套丛书的出版,有助于我们走进古人的世界,了解他们的美好生活,去回望我们来时的路。学史使人明智。历史的回眸,有助于我们汲取古人的智慧,借历史的明灯,照亮未来的路,为我们中华民族的伟大崛起添砖加瓦。

是为序。

2014 年 2 月 8 日

前 言

  从科学的角度定义，所谓瓷器，指的是先用瓷土、长石、石英等天然原料制成泥坯胎，外表施以玻璃质釉或彩绘，再经高温（约1 280℃~1 400℃）烧制定型获得的一种器物。这种器物经过高温烧制以后，胎体发生玻化或部分玻化，一般仅含不到3%的铁元素，且不透水；表面的釉色随着温度的不同而发生各种化学变化，呈现出丰富绚丽的色彩。制成后的瓷器，气孔率低，吸水率不大于3%，质地硬、强度大、敲击声清脆。时至今日，瓷器因其低廉的成本，耐磨不透水的特性，以及多变的造型与色彩，广为全世界人民喜爱。

  瓷器的发明是人类社会发展史上划时代的标志，也是人类发明史上的重要成果之一。考古发现证明，瓷器最早的产地是在中国。河南郑州商代（约前15世纪—前9世纪）遗址中发现的高岭土彩釉器皿，一般被看作世界上已知最早的瓷器。因此，中国是当之无愧的瓷器的故乡。瓷器的发明是中华民族对世界文明的伟大贡献，堪称中国的"第五大发明"，为人类文明的历史写下了光辉的一页。

早在古代，中国瓷器就已经通过各种贸易渠道传播到了世界各国。作为古代中国特产的奢侈品之一，它深受各国人士的喜爱，甚至成为身份和地位的象征，并深刻影响了各国陶瓷和文化的发展。直到现代，欧美人士在结婚时，还特别喜欢赠送高级瓷器茶具。精美的古代瓷器作为具有收藏价值的古董被大量收藏家所收藏。在国际和国内收藏界，中国古代瓷器都曾经出现过拍出天价的精品。

可以这样说，瓷器是文化的结晶，是艺术的精华，是中华文明展示给全世界的瑰宝。它在技术和艺术上的巨大成就还为我们的伟大祖国赢得了"瓷器之国"的威誉。在英文中，"瓷器"（china）一词就是从"中国"（China）这个词转义而来的。虽然现在英语国家通常将陶器和瓷器统称为"porcelain"，但仍然用"china"来专指精品瓷器。这正说明了瓷器与中国传统文化密不可分的关系。

本书就将按照时间顺序介绍中国古代瓷器的发展历程，并突出介绍各个时代最具代表性的瓷器品类和器物。这里需要指出的是，瓷器脱胎于陶器，并始终与陶器有着密不可分的关系。瓷器的制作技术是中国古代先民在烧制白陶器和印纹硬陶器的经验中逐步探索出来的。我国古代的先民们发现，当部分掺有高岭土（或长石、石英、石灰等天然釉料）以及其他含有氧化铜、氧化铁、氧化亚铅等天然色彩成分的原料在烧结陶器时，会自然在陶器表面结成一层薄釉，由此便发明了瓷器。为了体现这一历史过程，也为了体现陶与瓷之间的密切关系，我们特别设置一个"序章"，为读者介绍从原始陶器到原始瓷器之间的发展过程。

目录

序章　从陶器到瓷器

第一节　陶器起源与制作 ………………………………… 2
陶器的起源 …………………………………………… 2
原始陶器的制作技术 ………………………………… 5

第二节　陶器在中国 ……………………………………… 16
我国主要原始文明的陶器 …………………………… 16
白陶和原始瓷器的出现 ……………………………… 36
瓷器发明以后中国陶器发展略述 …………………… 40

第一章　先秦两汉魏晋南北朝瓷器

第一节　商周至战国瓷器的发展 ………………………… 46
商代至战国原始青瓷的发展演变 …………………… 46
原始青瓷的主要烧制窑厂 …………………………… 50

第二节　两汉瓷器 ………………………………………… 55
两汉时期原始青瓷的继续发展 ……………………… 56
东汉真正瓷器的诞生 ………………………………… 59

第三节　魏晋南北朝瓷器 ………………………………… 65
三国瓷器 ……………………………………………… 66
两晋瓷器 ……………………………………………… 71

南北朝瓷器 ·· 77

第二章　隋唐五代宋辽金夏瓷器

第一节　隋唐五代瓷器 ·· 88
隋代瓷器 ·· 88
唐代瓷器 ·· 90
五代时期的瓷器 ·· 99

第二节　两宋瓷器 ·· 102
两宋五大官窑 ·· 102
两宋八大民窑 ·· 123

第三节　辽金西夏瓷器 ·· 137
辽代瓷器 ·· 138
金代瓷器 ·· 140
西夏瓷器 ·· 142

第三章　辉煌的元明清三代瓷器

第一节　元明清的制瓷业 ·· 146
元明清三代的景德镇制瓷业 ·· 146
元明清时期其他窑厂的发展 ·· 152

第二节　元明清瓷器的外销与影响 ·· 158
元明清时期中国瓷器的外销 ·· 158
中国制瓷技术的对外影响 ·· 161

第三节　元明清瓷器精品赏鉴 ·· 163
元代瓷器精品赏鉴 ·· 163
明代瓷器精品赏鉴 ·· 166
清代瓷器精品赏鉴 ·· 177

参考书目 ·· 186

序章

从陶器到瓷器

　　陶器和瓷器总称为陶瓷。陶瓷的制作原料是经过淬取而获得的黏土。黏土具有韧性，常温状态下遇水可塑，微干可雕，全干可磨；烧至700℃即成陶器，能装水；烧至1230℃则发生瓷化，可完全不吸水且耐高温耐腐蚀。陶瓷除了用于食器、装饰等方面以外，在科学、技术的发展中也扮演着重要角色。

第一节
陶器起源与制作

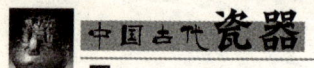

陶器的起源

随着史前人类进入新石器时代陶器也出现了。人类在长期的劳动生产生活中，经常和泥土打交道，发现了黏土与适量的水混合后，就会有黏性和可塑性，可以用手随意把它塑造成各种形状，在强烈的太阳光下晒干，泥坯变硬，即可盛放干东西。当然，这些土器由于没有经过焙烧，不太坚固，使用时容易破碎，尤其遇水就会溶化，因此还无法盛放液体。但是，随着人类世世代代长期用火经验的积累，对于火的使用有了进一步的认识。火与土的结合，社会生活的需要，这就为陶器的出现准备了必要的条件。

考古材料还证明，陶器的发明并不是某一个国家或某一地区的古代先民的专利品。只要具备了必要条件，任何一个古代农业部落、人群都有可能独立制作出陶器。它是人类在长期生活实践中，各自独立创造出来的。比如迄今已知最早的陶器是在今捷克下维斯特尼采境内发现的，可以追溯到前29 000 年至前25 000 年的格拉维特文化（Gravettian）。其中最具代表性的是一尊小雕像，表现为一个裸露女性的形态，颇具爱神维纳斯的风采。而最古老的陶制容器是2012 年发现的中国江西仙人洞文化的陶罐碎片，大约可以追溯到前20 000 年至前19 000 年。日本早期绳文人约在前10 500 年也制造了陶器罐。北非的陶器是在距今10 000 年前独立发展出来的。南美的陶器则可以追溯至距今7 000 年前。

以往一般认为，陶器的生产是为烧饭之用，尤其是为了煮那些不便于烧烤的小粒性食物，因而认定陶器的产生与农业的产生有关。这种看法认为，

序章　从陶器到瓷器

人类进入新石器时代后，由于农业和牧畜业的出现，开始了定居、半定居的生活。特别是农业的发生和发展，为人类提供了比较可靠而稳定的可供食用的谷物。谷物都是颗粒状的淀粉物质，不像野兽的肉体便于在火上烧烤食用。同时，剩余的食物需要储藏起来。正因为如此，随着农业经济的发展和定居生活的需要，人们对于烹调、盛放和储存食物及汲水器皿的需要越来越迫切。陶器便在这种迫切的需要中被人们创造出来。

但是后来的考古发现说明，西亚很早就有农业而没有陶器（前陶新石器时代），日本很早就有陶器而没有农业。在印度恒河中游的一些遗址中，也发现

江西仙人洞发现的世界最早陶罐复原品

了公元前9000—前8000年的陶器，当时也还没有出现农业。从这些考古证据判断，不能认为陶器的起源与农业的发生有必然的联系，只能说陶器的起源在有的地方与农业的产生有关系，在另外一些地方则与相对定居的生活和集约的采集经济有关。只不过农业产生以后促进了陶器的发展。

此外，假如我们把印度河和恒河的分界线向北延伸，就会把整个欧亚大陆分成两半，就会发现一个很有意思的现象：在这条线以西，是今西亚、北非和欧洲地区，这一地区正是种植小麦和大麦的起源地，而且陶器（这里特指陶制的容器）在这一地区起源较晚，一些地方还有所谓前陶新石器时代。在这条线以东，是今东亚地区，这一地区则是种植小米和大米的起源地，陶器起源明显早于西方，有的同稻作农业一起出现，有的甚至早于农业的出现。而且两边的人种也不相同，西边是欧罗巴人种，东边基本上是蒙古人种。值得注意的是，这条分界线在旧石器时代就已经出现，以后一直延续到历史时代。

总之，陶器的发明，在制造技术上是一个重大的突破。用泥土烧制的陶器，既改变了物体的性质，又塑造出便于使用的形状。因此，陶器的出现揭开了人类利用自然、改造自然、与自然作斗争的新篇章。陶器也是新

中国古代瓷器
ZHONG GUO GU DAI CI QI

湖南道县玉蟾岩出土的陶器复原品

石器时代先民制造的物品中数量最多的一种，是这一时期工艺技术水平的代表性器物。可以说，陶器的出现标志着新石器时代的开端，是人类生产发展史上的一个里程碑。同时，陶器的发明，也大大改善了人类的生活条件，在人类生活史上开辟了新纪元。它使人们又多了两种处理食物的方法：即烧烤和蒸煮。

考古发掘显示，全国有很多地方，在新石器时代，使用陶器的现象都很普遍。近几年来在中国南方不断发现早期陶器，例如广西桂林的庙岩、湖南道县的玉蟾岩、江西万年的仙人洞和吊桶环都发现了公元前一万二三千年的陶片或陶器，其中尤以玉蟾岩的陶器最为完整，它们同后来华南地区的陶器发展也有着互相联系。最近在河南新郑裴李岗和河北安武磁山出土的陶器都比较原始，据碳-14断代，其年代为公元前五六千年以前，是华北新石器时代已知的最早遗存。正是在这些遗存的基础上，才发展成为后来广泛分布的仰韶文化、龙山文化，直到阶级社会的商周文明。它们在制陶工艺和器形的发展上，基本上是一脉相承的。

知识链接

何为瓷器？

瓷器用瓷石或高岭土为原料，制成各种形态的坯，在高温中煅烧（1200℃以上），形成坚硬耐用的瓷胎；瓷胎上还附着一层釉，再进行高温烧制，使它与胎结合紧密；烧成的瓷器表面光滑，不吸水，污物难以渗透，便于清洗。

此外，瓷器还有很强的装饰性，可以进行刻、划、剔、贴、镂、雕、颜色釉、彩绘等多种技法的美化，可制成各式装饰华丽、色彩鲜艳的陈设用瓷。

原始陶器的制作技术

陶器的制作技术是人类随着生产、生活的实践不断提高的。因而其工艺水平、器物造型和装饰方面都在不断改进，并创造和制作了一批批精美的生活用品与艺术品。陶器的制作过程要经过选土、制胎、彩绘、烧制等几道工序。我们把原始时代除选土以外的几道工序简单扼要地介绍如下。

1. 制坯技术

制坯就是将陶土和成泥，制成各种器物的坯胎。然后坯胎自然风干，再对其进行打磨、修正等一系列的工作。原始时代的制坯方法大致可分为手制法和轮制法两种。

手制法又称手筑法，是最早出现的塑形方法，包括直接用手捏制和利用半成型的泥料进行再加工两种方式。后者一般是用平坦的黏土厚片、盘绕的

中国古代瓷器
ZHONG GUO GU DAI CI QI

黏土、固体球状的黏土或是以上三种互相组合再用手去捏成，以前两种为主，可以分别称为泥片贴筑法和泥条盘筑法。

最早的手工制陶方法是捏制法，其方法简便易操作。这种方式比较粗糙，成型不规则，但方便灵活，因此常被用于制作小型陶塑，而在制作日常器皿时较少使用。

泥条盘筑法成形示意图

泥片贴筑法也是一种较早使用的手工制陶方法，就是用黏湿的泥片在一个类似内模的陶垫外面，一块一块地敷贴成一个陶器形状。一般是从下往上敷贴，至少有两层薄片叠合在一起，有的厚达数层。这种方法成型的陶器显得非常厚重，形状不太规则，口沿也不太整齐。考古发现和研究证明，在中国距今七八千年以前的新石器时代早期文化中，普遍都是采用这种方法制陶。大约在距今六七千年的时候，泥片贴筑法被新兴起的泥条盘筑法取而代之。

泥条盘筑法也叫"螺旋法"，就是把泥土先搓成条，然后圈起来，一层一层地叠上去，盘成器形，再用手或陶垫、陶拍、陶抹等工具将里外抹平、抵压，仔细加工制成器形。如仰韶文化中的小口尖底瓶，在器底内部还保留着泥条盘筑法的痕迹。用盘筑法制成的器形不可能规整，器内壁上经常留下螺旋状的痕迹，即一圈一圈泥条盘筑痕，还常常留有指纹。手捏就是直接用手捏成各种器形，一般都是制作一些不大规则的小型器物。不仅新石器时代的大部分陶器是这样制作的，就是在现代某些少数民族地区还在采用这种方法。

此外还有一种原始的制作陶坯的技术称为胎模制陶术，如以葫芦等器物为胎模，外面涂泥，泥干后脱去胎模而成为陶坯，然后烧制成陶器。这种办法很可能是偶然出现的，可以想象它的发明过程如下：随着人们用火知识和技术的提高，也可能出现烧煮食物的要求，为了防止易燃的瓢被火烧毁，会在瓢外面涂泥，瓢中加水烧煮食物。如果碰巧瓢中没有水，这种情况下瓢外的防火泥会被烧结成陶，这在无意中开创了一种新的制陶方法。

轮制法是人们经过不断实践，反复摸索发明出来的，就是将陶泥放在能够转动的轮盘上，藉其转动的力量，用手进行控制捻拉，制成各种器形，然后进行修整，再加以烧制。此种方法生产的陶器，成型比手制的规整，胎壁薄厚也比较均匀，器物表面留有圆环状轮纹。在一些新石器时代的陶器内壁上可以发现这种轮纹并且很清晰。

从出土的陶器来分析，我国新石器时代的轮制技术从仰韶文化中期就开始了，但在当时使用并不广泛。最初可能是放在木板、竹席或篮筐上，以便于移动旋转，有的还垫以树叶，因而器底遗有叶脉的印痕；后来才逐渐采用可以转动的轮盘。到了龙山文化时期，胎壁较厚的陶器仍然采用手制方法，但轮制法已经被广泛地使用了。轮制法有其自身优势，如便于制陶时的盘筑和加印纹饰，用其旋转可以修整口沿，使之规整。

轮制法有快轮和慢轮两种形式。慢轮修整的陶器往往有局部轮纹，例如仰韶文化的某些陶器上，轮纹大多出现在器口部分，这是慢轮修整口沿留下的重要证据。到了大汶口文化晚期，尤其是龙山文化时期，由于社会生产力的不断发展，陶器制作技术较仰韶文化时期有了较明显的提高。轮制已普遍使用，从器物内外同心轮纹上看，无疑是在快速转动的快轮上制成的。轮制法的使用，标志着制陶技术的发展和日渐成熟。由于使用了这种先进的制陶技术，因而提高了陶器的产量和质量，一般制成的陶器都比较规整，也非常精美，器壁薄而均匀。这种特点在龙山文化中的黑色陶器制作上表现得更为突出。有的陶器表面非常光亮，器壁薄如蛋皮，因此人们往往称这种陶器为"蛋壳陶"。

知识链接

龙山文化

龙山文化泛指中国黄河中、下游地区约为新石器时代晚期的一类文化遗存。

1928年4月，清华大学年轻考古学家吴金鼎到离龙山镇城子崖遗址不远的汉代平陵城遗址作假期野外考察。4月4日,他途经龙山镇城子崖,不经意地回头一望,路沟边断崖的横截面引起了他的注意,在阳光下一条延续数米的古文化地层带清晰可见。此后,吴金鼎先后5次到城子崖实地考察,发掘出了与石器、骨器,以及与之共存的大量色泽乌黑、表面光滑的陶片。他很快就将自己的发现报告给了老师——时任中央研究院历史语言研究所考古组组长的李济先生。被人称为"中国考古学奠基人"的李济先生是中国第一位人类学及考古学博士,吴金鼎的发现引起了他的高度重视。从1930年开始到1931年,他主持了对城子崖遗址的第一次大规模发掘。发掘成果中最为突出的代表是造型独特、工艺精美的黑陶,所以考古学家最初称其为黑陶文化。不久,即被命名为龙山文化。

1949年以后,大量的发掘和研究表明,龙山文化的来源并不单一,不能简单地把它视为只是一个考古学文化。现在,我国考古专家根据几个地区不同的文化面貌,分别给予文化名称作为区别。一般包括如下几种类型:

山东龙山文化,或称典型龙山文化,即最初发现的遗存类型,其分布以山东地区为主,上承大汶口文化,下续岳石文化,年代为公元前2500年至公元前2000年;

庙底沟二期文化,主要分布在豫西地区,豫东地区也有分布,由仰韶文化发展而来,属于中原地区早期阶段的龙山文化,年代为公元前2900年至公元前2800年;

河南龙山文化,在豫西、豫北和豫东一带分布广泛,上承庙底沟二期文化或相当这个时期的遗存,发展为中原地区中国文明初期的青铜文化,年代为公元前2600年至公元前2000年,一般还分为王湾三期、后冈二期和造律台3个类型;

陕西龙山文化,或称客省庄二期文化,主要分布在陕西省泾河及渭河流域,年代为公元前2300年至公元前2000年;龙山文化陶寺类型,以新发现的山西襄汾陶寺遗址为代表,主要分布在晋西南地区,年代为公元前2500年至公元前1900年。

龙山文化处于中国新石器时代晚期，生产工具的数量及种类均大量增加，快轮制陶技术比较普遍，大大提高了生产效率。除陶器外，还有大量的石器、骨器和蚌器等。他们以农业为主而兼营狩猎、打鱼、蓄养牲畜，且可能已经出现了铜器。历史上夏、商、周的文化渊源，都可能与龙山文化有相当的联系。从社会形态看，当时已经进入了父权制社会，私有财产已经出现，开始跨入阶级社会门槛。同时，占卜等巫术活动也盛行起来，且已有骨卜的习惯。

2. 装饰工艺

直接用黏土烧制的器皿，质地比较粗糙，颜色为黄褐色，与黏土自身类似。在制陶技术不断发展、工艺不断改进的同时，从新石器时代开始，人们在烧制之前，先在泥胎上涂上别的颜色起到装饰的作用。进而又用赭色、黑色、红色、白色等彩色绘画出各种形状的图案。有的则先在泥胎上涂一层或黄色或白色作为衬色，然后再进行绘画，其作用是衬托所绘花纹图案更为鲜明美观，这就形成了所谓的彩陶。

在新石器时代的彩陶中，陕西、甘肃、青海等地出土的仰韶文化和马家窑文化的彩陶堪称精品。在长江中下游一带的河姆渡文化和山东龙山文化遗址中出土的陶器属于另一种类型，即黑陶。尤其是山东龙山文化和大汶口文化的黑陶，有"黑如漆，薄如纸"的美称，是新石器时代陶器中的一朵奇葩。

彩陶颜料的成分，经研究得知，赭红彩的主要着色元素是铁，黑彩的主要着色元素是铁和锰，白彩除含少量的铁以外，基本没有着色剂。根据这些分析结果，有学者推断赭红彩料可能是赭石，黑色彩料可能是一种含铁量很高的红土，至于白色彩料可能是一种配入溶剂的瓷土。

彩陶的主要纹饰有花卉图案、几何图案和动物图案。这些图案多处于细

中国古代瓷器
ZHONG GUO GU DAI CI QI

马家窑文化彩陶

泥陶钵、碗、盆和罐的口、腹部，而在器物的下部或往里收缩的部分是不施彩的，当时人们的生活习惯造成了这样的设计。因为新石器时代家居条件还相当原始，通常席地而坐或者蹲着，所以彩陶纹饰的部位大都在人们平视最容易看到的地方，再往下因为看不到，也就没有装饰的必要了。

彩陶的装饰图案丰富多样，常见的纹样有鱼、鸟、蛙、鹿等，还有少量的花卉纹和神人纹。有学者认为，这些纹饰与当时的图腾崇拜有关，在中国古代的神话传说中还可以找到这些地区以鱼、鸟为氏族图腾的痕迹。在半坡类型（距今6800～6300年）的彩陶中，发现一种大口、卷唇、浅腹、环底的陶盆，这种陶盆大都施黑彩，器身施赭红色陶衣，器内壁用黑彩绘出人面鱼纹和鱼纹各两个，相间排列。人面作圆形，眼以上涂成黑色或空白的三角形状；耳部或作对称的向上弯钩，或饰以两条鱼纹，鱼纹呈长三角形，鱼头亦呈三角形，内填圆形眼睛，鱼身以斜方格作鳞；游鱼逐人面，人的嘴角用两道相交的斜线组成，两边各饰一条鱼纹，在鱼的周身用短线或小点装饰。

在黄河中下游地区的陶器装饰中主要以鸟作为题材，文献也显示这一地区有以鸟作为氏族图腾的记载。在仰韶文化晚期彩陶图案中，有一种被拉长身体的双头多足鸟，这种鸟纹常常和太阳纹一起出现，表明这种以鸟为图腾的氏族，也许是崇拜太阳的。当时的人们将图腾装饰在彩陶上，最大的用意是什么呢？可以设想，随着各个氏族、部落之间的交往越来越频繁，成员常常会彼此融合混杂，难以分辨。图腾标志和图腾名称的存在，使人们可以准确无误地识别群体。陶器作为当时人们的日常用品，其装饰往往打上了本氏族的标记，以便和其他氏族的陶器区分开，这种标记可能就是图腾的标记。

在彩陶艺术中最常见的有两种图案形式：一种是具象写实的，一种是抽象几何形状的；前者的出现时间早于后者。以彩陶中的鱼纹为例，早期的鱼纹多为单独运用，鱼的形象刻画得较具体、写实，艺术夸张成分较少，一般饰于陶器外的上部。到了中期，彩陶鱼纹开始向写意发展，鱼头和鱼身由以前不规则的自然形，开始向有规则的几何形转变，增强了鱼纹的装饰性。到了晚期，其装饰效果更为加强，这从鱼纹图案更为抽象，并形成了阴纹和阳纹双关的图案花纹便可看出来。

彩陶上的鸟纹的演变过程也经历了由具象到抽象。比如庙底沟类型彩陶的鸟纹有正面和侧面两种。正面的鸟是以一个圆点表示鸟头，一个弧形三角形表示正在展翅欲飞的鸟的身体，三条竖线表示这是一种三只足的鸟，后来这三只足也被略去，仅以圆点和弧形、三角形表示正面的鸟形象，这就简化成一种标志性的几何纹饰。侧面的鸟最初比较具象，有点类似一只站立着的飞鸟的剪影，在三角形的头上，以一个圆点表示眼睛，双翅翘起，双腿成平行的两条折线。以后鸟头由三角形变为圆形，身体一笔带过，只是尾巴翘起并分叉，双腿由平行的两根折线变为一前一后的两条竖线。再后来索性省略了双腿和喙，身体变成了一条长的斜线，翅膀和尾巴则成了几条向上翘起的弧线，最后侧面的鸟纹简化成一个圆点和三条弧线。这些由圆点和弧线组成的侧面鸟纹，还演变成由圆点、直线、斜线、月牙形组成的各种连续的几何纹样。在这些几何图案中，鸟的具体形状完全消失，保留了鸟飞翔时的动感形象。

在彩陶纹样中，一种类似蛙形又类似双手举起叉腿直立的人形纹样很常见，研究者们对此看法不同，有的认为是蛙形图，有的认为是人形图，有的认为是巫师以蛙形图腾模仿青蛙向上天祈祷，也有的认为是一种撒谷播种、具有始祖意味的象征图案。这种类似蛙或类似人的纹样，到后来头部细节

彩陶上的鸟纹

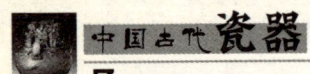

被省略掉了，只剩下肢节和爪指，再后来连爪指也被略去了，演变成了连续的有粗有细的折线纹。

在中国的新石器时期（公元前6000—公元前2000年），像上述彩陶纹样的类似演变有很多，而且可以看出，彩陶纹样是有较严格的规定性的——不仅是一种氏族的标志性符号，也不仅是一种用于宗教崇拜的纹饰，应该还具有某些文字表达功能。

通过解读这些原始的彩陶纹样，我们还能隐约触及中国古代哲学思想发展的源头。其他国家原始陶器上的纹饰，除去写实纹样以外，图案中的几何纹样大多作左右对称或分层排列，或作等距定点排列，以静态图案为主。而中国的彩陶图案，则常常是某些动态的格式，多以弧线、弧形和圆点组成，具有鲜明的动感特征，并且表现出为一种螺旋式的循环往复。这些旋纹以反复不休、循环不已的律动，打破了固定空间的限制。这或许代表了中华民族的祖先对宇宙、生命的最初印象与思考。

另外，在半坡文化晚期的彩陶中，出现许多双关性图案，它们由许多阴纹和阳纹构成的，具有很强的装饰效果，表达了图案互相映衬、虚实相生、对立统一的关系。位于西安附近的半坡遗址是古周人的居地，也是阴阳五行学说兴起的地方，这些地区的彩陶上常用阴阳相关的图案看来有其必然性。在当时的彩陶纺轮上也有许多以S纹做阴阳双关旋转的纹样，这些纹样尽管多种多样，但都是以类似太极图的图形为骨架变化的，其特点就是在一个正圆的二分之一处，画一个S形的线，把圆形的画面一分为二，即分成阴阳交互的两部分，这两部分围绕着一个圆心回转不息。这种运动似乎寓意着对立统一的哲学思想。

中国最早的大规模几何图案创作时期是新石器晚期的彩陶纹，这些图案不仅昭示出中国早期文化的丰富内涵，也揭示出当时社会生活的某种次序和规律。同时作为一种造型艺术，这一时期的图案几乎奠定了以后图案发展的大部分规则，如常见的二方连缀带状装饰，四方连缀散点装饰，以及图案中的对称法则、均衡法则、对比法则、变化统一的法则，单独纹样、复合纹样的创作，点、线、面和黑、白、灰的合理运用等等，可以说达到了中国图案装饰史上的一个高峰。

知识链接

瓷器和陶器的区别

瓷器是中国先民在长期从事陶器生产的基础上发明的，而陶器又是什么呢？

这跟人类开始用火有关系。先民在用火取暖、吃熟食时，偶然间发现火旁边的黏土结成板结状，质地非常坚硬。于是，先民利用了这个特性，将黏土提炼出来，捏成某些造型，搁在火里烧，随着烧制的温度越来越高，时间越来越长，坚硬致密的陶器就这样烧成了。据考证，最早的陶器距今不足一万年。

而瓷器的发明经历了一个由陶器向瓷器逐渐演变的过程。虽然在夏商时期就有了"原始瓷"的出现，但仍处于初始阶段，尚未成熟，直到东汉才完成了陶向瓷的过渡。此发明，后来通过海路和陆路大量输出到海外，才使制瓷技术在世界范围得到普及。

3. 烧制技术

烧制就是将制成的陶坯放入专门的窑内，在800℃以上的温度下进行烧制，使之定型。

根据民族学的有关资料记载，最早的陶器烧制工艺是平地式烧陶，或称平地堆烧，即在篝火上烧制。一般是选择一块空地，在平地上堆放柴草，将陶坯直接堆放在其上，用泥巴将陶坯整体盖紧并糊严，开一火口加柴添火，同时再开几个小口作为烟道。这样烧制，时间短但达到的最高温度可以很高，约在900℃左右，而且达到最高温度的速度很快。但这种方法缺点也很多，由于火力不集中，致使所烧陶器质量差，成品率低。陶器烧成后颜色不均匀，质地松脆。比如大地湾一期发现的陶窑，上面常有红黑相间的斑块，色彩不

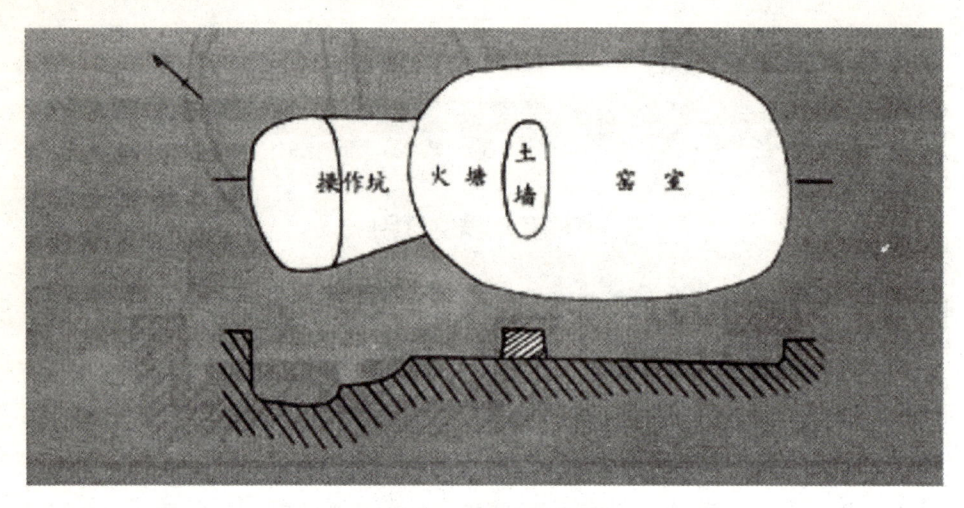

大地湾一期陶窑结构图

甚纯正，陶片易碎，表明烧制技术较为原始落后。

　　篝火烧制的陶器，其泥坯成分通常是用黏土与沙、砂砾、打碎的贝壳或打碎的陶器调合后制成，这与后来的有所不同。这是因为这些"杂质"提供了一个开放的坯体质地，可以让水及其他挥发性成分轻易离开。黏土中较粗糙的粒子在冷却时能够限制陶器坯体内部收缩，保证冷却过程以较慢的速度进行，以减低热应力及可能导致的破裂。为了避免发生破裂，早期烧制的陶器主要为圆底，而不是尖锐的角状。

　　后来人们便发明了陶窑。最早的陶器窑是穴窑或沟窑，即在地面掘一个洞再在上面铺满燃料。由于在地面的洞提供了隔离层，烧制过程可以更好地的控制。根据考古发掘资料，新石器时代的陶窑主要有横穴式窑和竖穴式窑两种。横穴式窑较典型，它由火口、火膛、火道、窑室和窑箅组成，窑室呈圆形，底上有窑箅，箅上有许多火孔，由火膛进入的火焰，经火道和火孔到达窑室。竖穴窑的窑室在火膛之上，火膛是口小底大的袋状坑，有多股垂直的火道通向窑室。横穴式窑和竖穴式窑在陕西半坡、河南陕县庙底沟、安阳范家庄、河北邯郸涧沟等仰韶文化和龙山文化遗址中都有发现。

　　迄今为止，在大地湾仰韶文化中发现有35座陶窑，是甘肃考古发掘中最多的一处。另外，在天水市赵村遗址也发现了6座保存较好的陶窑。在这些陶窑中，大部分已是较先进的横穴窑，仅有两座浅穴平底式与所述平地烧陶的情况相类似。大地湾二期编号为 Y200 的陶窑系浅穴平底式，整体呈椭圆形，是一个深 0.16 米的浅坑，靠左侧有一堵小土墙将窑室与火塘分隔，土墙两端各留有 0.3 米的缺口为通火道，窑的左侧下方是一个添柴加火的操作坑。此窑火塘与窑室在一个水平台面上，火势不如横穴窑旺盛，但深于地面之下，火力可借操作坑的风势，又比平地烧陶进步，火力会强一些，隔墙又能使陶器受热较均匀。大地湾四期编号 Y800 的陶窑是一座典型的横穴窑，左侧长方形深坑为火塘，右侧为圆形窑室，中间有 3 条火道。有的窑室内火道呈树枝状，陶坯受热更加均匀。此类窑址的火塘在下方，窑室在斜上方，这样的结构使火力旺盛，能达到 1 000℃左右的高温。

在兰州市东 11 公里处的黄河北岸，有一个著名的马家窑文化的马厂类型遗址，这里曾发现了一处大型窑场。考古工作者清理了 12 座陶窑，发掘者根据被破坏的现场情况判断，窑场原有窑址不止这 12 座，这说明当时制陶业已经很繁荣。据简报描述，上部窑室均为方形，最大的长、宽各为 1 米；底部为锅底形，有沉积的白灰土层，应为烧柴形成的草木灰。从遗迹现象判断，这类窑上部是窑室，下部是火塘，可能是比横穴窑更为进步的竖穴窑。

陶窑的结构不同，窑内温度与密封程度也不同，因此，陶窑决定了陶器的烧成温度。结构越合理，火的温度就越高。据马清林博士测定：大地湾一期的烧成温度最低，仅为 750℃±20℃。这个数据和该文化陶器的坚实程度基本上是吻合的。总体来看，除大地湾一期外，多数的烧成温度都在 900℃~1 000℃之间。另外，从马家窑文化半山类型开始，直到齐家、辛店文化都有使用瓷土或高岭土烧陶的现象，由于陶窑限制了温度的升高原始瓷在这里并没有被烧出，因为瓷土需加热到 1 100℃以上才能达到玻化温度。

烧陶工艺中，还有控制烧成气氛的能力问题。烧成气氛是指窑内气体的组成和氧化、还原的能力。在陶窑密封不严的情况下，空气中含有的氧将坯体所含物质氧化，陶器烧成后呈红色或橙黄色；而陶窑密封较好时，气体中含有一氧化碳，能将所含的铁质还原为氧化亚铁，烧成后的陶器呈灰色或深灰色。随着陶室的改进，还原气氛下的灰陶越来越多，陶器的硬度也不断提高。

彩陶能呈现出不同的颜色，主要原因在于制陶原料中含有呈色元素和烧

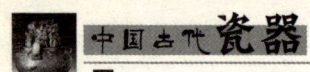

窑后期人们能够改变、控制火焰的性质。比如灰陶是在烧窑后期,采用还原焰,使制陶原料中铁的氧化物大部分转化为二价铁,在这种情况下,烧成的陶器呈灰色或灰黑色。红陶是在氧化焰气氛中烧成的,质地较坚硬细致。彩陶花纹是陶坯未入窑焙烧前,用铁、锰等颜料在坯体上绘画纹饰,入窑后用氧化焰烧成。彩绘牢固地结合在器物表面,不易脱落。黑陶是在焙烧时,前期采用氧化焰,烧窑快结束时用浓烟薰翳(这时的火焰是还原焰),经短时间渗透,便呈现黑色。烧成温度在 1 000℃左右。有的黑陶表面乌黑发亮,胎体薄如蛋壳。白陶是用高岭土烧成的白色陶器,胎质细腻坚硬,烧成温度在 1 000℃左右。

在陶器烧成后进行彩绘的彩陶称"烧后彩绘陶",这种彩色较易剥落。比较具有代表性的秦始皇陵兵马俑即为彩绘陶,因此现在发掘出土的兵马俑能够保留颜色极为不易。

第二节 陶器在中国

我国主要原始文明的陶器

1. 仰韶文化陶器

仰韶文化是 1921 年在河南渑池县仰韶村发现的黄河流域新石器时代文化之一,主要分布在河南、陕西、山西、河北南部和甘肃东部。据碳-14 测定,距今约 5 400~7 000 年。

序章　从陶器到瓷器

> **知识链接**

仰韶文化

中国重要的新石器时代文化就是仰韶文化，处于母系氏族制度繁荣至衰落时期，距今约 5 000~7 000 年，属于彩陶文化。仰韶文化主要分布于黄河中下游地区，东至河北中部，南达汉水中上游，西及甘肃、青海，北抵内蒙古河套地区。其中陕西省的关中、陕北一带是仰韶文化的中心地区。

仰韶文化时期，氏族成员主要从事农业活动，同时饲养猪、羊等家畜，兼营狩猎、采集和捕捞水中的鱼蚌，各氏族过着安定生活。这一时期的原始手工业也比较发达，制陶业、石器制造和其他手工业技术已经得到普遍的推广和传播，一些先进技术甚至已经开始影响周边地区的其他文化类型。

仰韶文化陶缸

这种文化类型于1921年，由时任北洋政府农商部矿政司顾问的瑞典人安特生在河南省三门峡市渑池县东北的仰韶村首次发现，按照考古惯例，命名为仰韶文化。

到2000年为止，全国共发现仰韶文化遗址5 213处，其中面积最大的遗址是陕西关中地区耀县的石柱塬遗址，面积达300万平方米。

仰韶文化的发现在中国考古史上有着重大意义。它第一次证实了中国曾经存在着非常发达的新石器时代文化。

仰韶文化的陶器均为手工制，普遍用泥条盘筑法成形；也有用慢轮进行修理的。质地以夹砂红陶、泥质红陶为主，并且两者陶土都经过淘洗。夹砂陶系用石英砂等作为掺和料掺入，多为炊器。仰韶文化常见陶制器物有泥质的敞口浅腹平底或环底钵、盆，泥质或细砂质的小口尖底瓶，砂质红褐陶大

口深腹小底瓮、罐等。多平底器，三足器和圈足器很少见，袋足器没被发现。

在仰韶文化陶器中存在着红、棕、橙黄、土黄、灰陶、白陶等诸多颜色，由于在氧化气氛中烧成，这些颜色中以红陶居多，灰陶较少，纯黑陶则未见，这也是新石器时代中期仰韶文化陶器的主流色调。仰韶文化陶器的纹饰以线纹和绳纹为主，亦有篮纹、划纹、弦纹、附加堆纹及印有席纹和布纹的痕迹。彩陶是仰韶文化最具艺术性的一种陶器。彩陶的彩纹多见于泥质红陶盆、罐、钵的外壁上部，形成花纹带，而内壁绘彩和通体绘彩者则很见。彩陶纹样简单朴素，以红地墨彩为主，少数为红彩，动物形象较多，如蛙、鹿、鱼、羊等，几何形纹也较常见，如直线、曲线、折线、圆点和弧边三角等。

2. 大汶口文化陶器

大汶口文化属我国新石器时代的一种文化类型，距今约 4 700～6 500 年，因早期发现于山东宁阳堡头村和泰安大汶口一带，故名。主要分布于鲁西南、苏北并达皖北、豫东和辽东半岛。大汶口文化的陶器制作精细、质地考究。

大汶口文化陶器早期为手工制，晚期开始出现轮制。有泥质的，也有加砂的，陶质比以前更加细腻。大汶口文化陶器造型优美，品种多样。器形除平底器、三足器和圈足器相当普遍外，带嘴和带流的器物也很多见。其中三足器是大汶口文化陶器的特征之一。代表器是袋状三足陶鬹。其造型类鸟，在实用的同时，体现了当时的人们对于天空的向往和崇拜。此外还多见三足鼎，常见三足壶、三足匜等。除此以外，在大汶口文化陶器中，有把手器耳和器盖的器物较多。大汶口文化特有的代表性器物钵形鼎、背壶、圈足高柄杯等。

独具大汶口特色的器物自然是

大汶口文化三足陶鬹（台北故宫博物院藏品）

背水壶。其颈部设计，与壶身的肥瘦相匹配，或长或短，都臻美观；与壶身的比例，分别有1∶1、1∶2、1∶3和1∶4。展现了当时人们思维开阔，并充满着自信。所见最小的只有10厘米高，最大的高30多厘米。

　　大汶口文化陶器的陶色多种多样，有灰、青灰、红、黑、褐、黄、白等。早期以红陶为主，晚期以灰陶为主，红陶次之，黑陶也占一定比例，同时出现了白陶。黑陶的胎质呈灰色或红色，仅器表呈黑色；另一类为表里一致的黑陶，属少数器物，如高柄杯等，与后来龙山文化典型的蛋壳陶相类。这说明在大汶口文化中渗炭工艺已经得到推广并成熟。精美白陶的发明与使用，是大汶口文化的一朵奇葩，是人类陶瓷史上的一座高峰。与同时期的黄陶一样，它的主要材质并不是通常用的黏土，而是其后几千年人们造瓷的"坩子土"。白陶、黄陶的烧制温度在1 200℃以上。所见最小的白陶器高仅8厘米，最大的高达38厘米。

　　大汶口文化中的彩陶数量较少，但也颇具特色。某些器物施红色陶衣。早期纹饰多为黑色单彩。以红、黑、白三色颜料描绘纹饰在中晚期较常见，有些器物上出现三种颜色。早期纹饰运线较粗，布局不甚严格、协调，晚期线条匀称，作风趋向工细。纹饰图案以几何纹为主，有八角星纹、水波纹、花瓣纹、窄条纹、圆圈纹等，其中以折线纹、波线纹、勾连回旋纹最具特色，纹饰线条匀细，色调对比强烈，图案朴素大方。除彩陶外，还出现了烧成后再绘彩的彩绘陶装饰，纹饰较简单，有弦纹、带纹、圆点纹等，多以红彩描绘，彩色极易剥落。这在其他史前文化中很少见。

　　大汶口文化出土了很多器物素面陶较，大部分经过打磨。从装饰工艺方面看，带装饰的器物所运用到的装饰技艺十分繁复，诸如揠光（研光）、刻划、拍印、贴塑、堆塑、雕刻、镂空、空腔内置物等手段都已出现。其中新石器时代的陶器采用镂孔装饰在长江以南地区出现较早。长江以北地区则以大汶口文化为突出，主要见于豆和高柄杯上，有三角形、圆形、菱形、方形和长方形的镂空。

　　此外，大汶口文化陶器上出现的太阳、云气、山峰的图像刻文，是研究我国文字起源的重要资料。比如在山东莒县陵阳河大汶口文化遗址出土的四件灰陶缸上刻有五个图形符号，它们被有意识地刻在器物的一定部位，象征着太阳、云气、山峰和装柄的石斧、石锛。这种图像纹样在装饰艺术上有着重要意义，有人称之为象形文字，有人称之为图形符号，这为研究中国文字

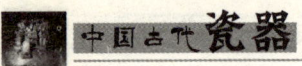

的起源提供了重要的线索。

3. 龙山文化陶器

龙山文化属于铜石并用时代文化，因首次发现于山东历城龙山镇（今属章丘）而得名，距今约4350~3950年。黄河中下游的山东、河南、山西、陕西等省均有分布。由于地域分布广泛，龙山文化有许多分支类型。大量的发掘和研究表明，龙山文化的文化系统和来源并不单一，不能把它视为只是一个考古学文化。现在，考古学界一般根据一定的标准，比如几个地区不同的文化面貌，分别给予文化名称，以资区别。

山东龙山文化是继承大汶口文化的因素而发展起来的，又称为典型龙山文化，主要分布在山东、江苏北部和辽东半岛等处，时代距今4 000多年。山

山东龙山文化陶器，可以看到其与大汶口文化陶器的密切关系

东龙山文化的陶器，无论在制法、陶色和器形上，都明显具有继承大汶口文化的迹象，器形的承袭演变更是相当清楚。龙山文化的陶器器形较多，主要有：碗、盆、陶罐、瓮、豆、单耳杯、高柄杯、鼎等。在其他文化中少见的有山东龙山文化的鬼脸式鼎腿，圆环状鼎足，这些文化最有特色。

山东龙山文化的制陶技术在大汶口文化的基础上有了进一步发展。在成型工艺上主要表现在轮制技术的普遍应用。由于除了部分陶器以及耳、鼻、嘴、把、足等附件外，器身一般都用轮制，因而具有器形规整，器壁厚薄也十分均匀的特点，并且在陶器表里普遍遗留有平行密集的轮纹，器底往往遗留有线割的偏心纹。由于普遍采用轮制，所山东龙山文化的陶器产量和质量都很高。

龙山文化的陶器以黑陶为主，灰陶不多，也有少量的红陶、黄陶和白陶。其中黑陶的烧成温度高达1000℃，红陶950℃，白陶为800℃～900℃。

细泥、泥质、夹砂构成了黑陶的种类，其中细泥所用的陶土是经过精细淘洗过的，并采用封窑烟熏的渗炭方法烧制而成。制成之后的器物胎壁厚度仅为0.5～1毫米左右，胎质十分轻巧，具有"黑如漆、亮如镜、声如磬、薄如纸"等特点，学者们称为"蛋壳黑陶"。蛋壳黑陶器物制作精致，造型优美，且仅存在于山东地区的文化遗存中，是山东龙山文化最有代表性的陶器，反映了当时当地高度发达的制陶业水平。蛋壳黑陶因为存在时间很短，因此更显珍贵，堪称东方艺术珍品。

与蛋壳黑陶的黑漆色相对比，龙山文化白陶的白色同样非常纯净。

出土于龙山文化遗存中的一件白陶鬶，高33厘米，是一件典型器物，是先民们用来盛水和煮水的器具。陶器上有长而尖的流，是模仿鹰嘴而设计，它与颈、腹、把手、袋足等各个部分浑然一体，白色陶衣光泽锃亮，纹饰鲜明醒目，丝毫看不出是由各部分拼接而成。由于三个袋足肥大，放置时比较稳定，而且三个足部都是空心的，因而增大了容量和受热面。这件白陶不但造型优美别致，而且其胎壁很薄，只有3毫米，这不能不说是古代制陶工艺精美的表现。龙山文化白陶鬶足部呈丰满美乳的造型，显示了先民对母性纯真的依恋和仰慕，无疑是母系时代的象征。

出土于山东济南章丘某地的一件白陶盉，高21厘米，直径19厘米，也是山东龙山文化的典型器。根据其形制，可判断为山东龙山文化的中后期作品，在挺拔度和美感上略有下降。在考古学界和收藏界，如此纯净的白陶盉

中国古代瓷器
ZHONG GUO GU DAI CI QI

龙山文化蛋壳黑陶器——高柄陶杯，高13厘米，水器或酒器，1974—1975年山东省胶县三里河出土，现藏国家博物馆

都非常少见。在形制上，它可以看作同类青铜器的前身，因而具有较高的研究价值。

山东龙山文化陶器的装饰以素面或磨光的最多，但纹饰较少，包括弦纹、划纹和镂孔等几种。此外，日照市还曾出土过刻有云雷纹和近似兽面纹的黑陶片，这有助于我们对商周青铜器纹饰的起源的研究有很大的启发作用。

中原地区龙山文化被发现于今天的河南、陕西两省。早期陶器以灰色为主，多为手制，口沿部分一般都经过慢轮修整，部分器物如罐类还采用器身、器底分别制成后再接合的"接底法"成型新工艺。灰陶的烧成温度约为840℃。主要器形有杯、敞口盆、折沿盆、敛口罐、尖底瓶等，在形态上受到仰韶文化的很大影响。这一时期陶器的纹饰以篮纹为主，有些陶器又在篮纹上面饰以数道甚至通身饰以若干道附加堆纹，其作用是用来加固器身。

晚期中原龙山文化的陶器出土发现以灰陶器为主，红陶已占有一定比例，黑陶器数量有所增加。灰陶和红陶的烧成温度均达1 000℃。仍以手制为主，但轮制技术革新得到了进一步发展，部分陶器已采用模制成型。有杯、盘、碗、盆、罐、鼎、甑、器盖、器座等主要器形及新出现的鬲等。纹饰以绳纹、篮纹为最普遍，还见有少量方格纹。

陶寺类型是龙山文化在中原地区的一个独特类型，与中原地区的龙山文化有相似之处，又有各自的内涵。山西西南的汾河下游和浍河流域发现陶寺类型遗存。年代为公元前2500至前1900年之间，以山西襄汾陶寺遗址最为典型。陶寺类型遗址以夹砂灰陶和泥质灰陶为主，也有夹砂褐陶、泥质褐陶和黑陶。早期器物胎壁较厚，炊器以连釜灶和斝为主，中期出现陶鬲，晚期广泛使用陶鬲，连釜灶消失。陶寺人生活中使用最多的陶器有灶、鬲、斝、罐、壶、瓶、盆、盘、豆、鼎和甗等。凡泥质陶盆、罐、壶、瓶、盘、豆一类器物均施彩绘，是烧后挂彩的彩绘陶，做法是以黑陶衣为地，上施红、白、黄彩；或以红色为地，以黄、白彩色画出图案。图案有变体动物纹、龙纹、云雷纹、圆点、条带、几何形纹、涡纹、回纹等。常见纹饰还有绳纹、篮纹、方格纹、弦纹以及镂孔和附加堆纹等。彩绘陶主要用于祭礼和陪葬，色彩绚丽多姿，这是陶寺类型陶器的一大特色。陶盘上的蟠龙图像是中原地区最早的龙纹图案，也是最富特点的器物，可能是一种礼器，因为龙是其氏族部落的标志。

知识链接

瓷土

瓷土又称高岭土，要制造瓷器，其主要原料之一是瓷土，对称高岭土因为在中国江西省景德镇市高岭村被首次发现而得名。瓷土主要由高岭石、石英和云母组成，含铁量低，可塑性弱，耐火度高，具备了瓷器生产所需的特性。

高岭土一般是白色或灰白色，如果被其他物质污染，则易变为黑、褐、红、粉、米黄等色。土呈块状，无光泽，摩氏硬度接近于1，比重为2.6。具有滑腻感，能用手捏成粉末，干燥后有吸水性，可塑性弱。煅烧后成白色，能耐1 700℃以上的高温，烧结温度为1 400℃左右。

4. 马家窑文化陶器

马家窑文化属黄河上游地区新石器时代晚期文化，由于最先发现于甘肃临洮马家窑而得名，是仰韶文化晚期的一个地方分支，上承中原的仰韶文化，后来进一步发展为齐家文化。年代约为公元前3300至前2050年，时间跨度为1 000多年，可分为石岭下、马家窑、小坪子、半山、马厂5种类型，即5

个时期，以马家窑、半山和马厂三期为主。主要分布在甘肃省，以陇西平原为中心，东起陇东山地，西到河西走廊和青海西北部，北达甘肃北部和宁夏南部，南到甘南山地和四川北部。

马家窑文化的制陶工艺很成熟，主要为手工制，采用泥条盘筑法，再经过精细的修刮和打磨。其焙烧工艺高超，陶器质量普遍比较好。器物种类主要有碗、盆、钵、瓶、壶、罐、瓮和带嘴锅等。盆、钵的腹部较浅，口沿齐平或稍外卷。壶、瓶则多细颈宽肩。尖底瓶呈喇叭口。瓮则敛口高体。

马家窑文化陶器

马家窑文化日常生活使用的大量精美陶器当中，彩陶占据相当大的比重。在陪葬陶器中，彩陶更是达到80%。马家窑文化彩陶绝大多数是以红陶为底进行绘制的，有泥质红陶和夹砂红陶。底色呈橙黄色，少数呈橘红色，许多泥质细陶的口沿、外壁满绘花纹，有的器物内壁也绘彩。就连作炊器用的夹砂陶也有彩画，这是其他原始文化陶器少有的现象。只有作盛器用的大型罐、瓮、甑等画彩较少或不上彩。此外一种器物上部为泥质彩绘，下部为夹砂质饰绳纹，很有特色。

马家窑文化陶器大多用单一的黑彩装饰，笔形粗，但匀称，以几何图案为主。纹饰繁密瑰丽，富于变化而有规律，题材多样化，有垂幛纹、漩涡纹、水波纹、圆圈纹、多层三角纹、锯齿纹、桃形纹和草叶纹等。其中最有代表性的是人物舞蹈纹，动物形纹、有蛙纹、鱼纹、蝌蚪纹、鸟纹等，而几何形纹则有波浪纹、垂钩纹、漩涡纹、三角纹、圆点纹、葫芦形纹、平行条纹、网状纹等。此外还有人面形象。

晚期马窑文化显示出向半山类型过渡趋势，其彩陶花纹粗犷，图案饱满，主题花纹以弧度很大的锯齿纹为主。有人将这个特点的文化遗址单独划出一个时期，即小坪子期，以兰州市郊陆家沟的小坪子遗址命名，其年代约为公元前2900至前2650年。

序章　从陶器到瓷器

半山类型年代大致为公元前2605至前2350年。这个时期的彩陶上用红彩和黑彩两色相间的锯齿纹为骨架构成各种图案。半山彩陶图案比马家窑复杂，在陶器上所占面积大，从口沿到器物最圆鼓的下腹部位都画彩。最常见的图案有水波纹、漩涡纹、葫芦纹、菱形网纹、平行带纹、棋盘格纹、蛙纹和附加堆纹，有的夹砂陶是白色陶泥制作的白陶。

马厂类型的年代大致为公元前2350至前2050年前后。一些泥质陶器上施一层红色陶衣，用很宽的黑边紫红条带构成圆圈纹、螺旋纹、变体蛙纹、波折纹等。也有用黑色或红色单色线条画出波折纹、菱形纹、编织纹和变体蛙纹等。马厂彩陶工艺熟练，但渐趋简单化，很多器物图案单调而疏朗，接近齐家文化。它表明中国仰韶文化的彩陶工艺是独立形成、独自发展的。通过仰韶文化的庙底沟类型逐渐向西发展，形成马家窑文化这一地方性文化。彩陶也逐渐由鼎盛走向衰落，走完了它的历史进程，被光辉的青铜文化所代替。

5. 齐家文化陶器

齐家文化是在马家窑文化的基础上发展起来的，是我国黄河上游新石器时代晚期至青铜时代早期的一种文化。早期距今约4 000年左右，其晚期与中原地区奴隶社会并存。其地域分布为黄河上游及其支流渭河、洮河、大夏河、湟水流域以及宁夏南部地区。齐家文化因1924年首先发现于甘肃广河齐家坪而得名。

齐家文化的制陶业比较发达，陶器特色鲜明，各遗址都出土有大量的陶器，种类繁多。出土陶器以泥质红陶和夹砂红褐陶为主，也有橙黄陶和灰陶，陶质细腻。多数仍为手制，慢轮加工较常见。齐家文化陶器中的小件器物通常用手工捏制，特别是其中的一些手捏陶塑，如人头、鸟头及羊、狗等动物陶塑。有的陶塑虽不成比例，但其造型小巧，姿态生动，尤其是人和鸟的头部轮廓逼真，面部表情丰满，双目有神，形象生动是我国原始社会不可多得的艺术佳品。

齐家文化陶器

齐家文化受龙山文化的影响较大，日用陶器以平底器居多，器形种类丰富但形

25

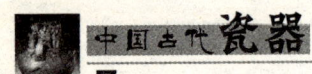

体较小。代表器形主要有双大耳罐、镂空圈足豆、袋足鬲、三环罐等。稍大的平底罐类采用底、壁分制，即以壁包底的方法制成。壁仍为泥条盘筑，其外底平坦。内底常见粘接时的手捏痕迹。高领罐的口部有些也是粘接而成，其内壁留有清晰的接痕，有些虽经慢轮修整，不见泥条接痕，但轮旋痕迹清晰可见。豆也是分制出豆盘及圈足，然后用泥条粘接成型。高领折肩罐的折肩往往靠工具压抹而成。

根据各地区不同的文化特征，齐家文化大体可分为早中晚三期。三期文化的陶器由胎质到器形随着时间的推移也略有不同。早期陶器以红褐陶为主，器形较小，常见的有侈口罐、单耳罐、高领双耳罐、双耳罐形甑。中期陶器以泥质红陶为主，灰陶罕见，器形主要有双大耳罐、高领双耳罐、镂孔豆和单把鬲等。晚期陶器以泥质红陶为主，灰陶少量出土，陶器除双大耳罐、高领双耳罐外，出现尊、壶、高领折肩罐、双耳彩陶罐、彩陶豆等。

齐家文化陶器除素面器外，主要有篮纹、绳纹装饰及极少量的彩陶。篮纹、绳纹一般饰于夹砂罐、双耳罐、单把鬲上，起加固和装饰作用。被发现的彩陶数量和种类都很少，已明显呈衰落之势。多施于泥质红陶上，陶质较粗，多属罐类，有的表面还涂有白色陶衣。彩绘以黑彩居多，也有少量红彩和紫彩。彩绘纹饰简单，常见的有菱形纹、网纹、三角纹、波折纹、蝶形纹等。纹饰繁简互见，变化较多，图案组织很有规律，简单明朗，题材也有独到之处。

6. 大溪文化陶器

大溪文化是分布于长江三峡地区以及鄂西长江沿岸的一种新石器时代文化，距今约4800～5500年，分布范围东起鄂中南，西至川东，南抵洞庭湖北岸，北达汉水中游沿岸。长江中游西段文化遗存很集中，因首次发现于四川巫山大溪镇而命名。

大溪文化陶器主要采用手工制，部分用慢轮整修。有些器物在其口、腹和底部往往留有接合的痕迹，这是由其"接合法成形"制作手法而造成的。陶器烧成温度不高，根据红花套遗址的陶器标本测定，烧成温度600℃～700℃，大溪文化的标本测定烧成温度为750℃～810℃。大溪文化制陶工的艺发展历程大致可以分成三期。早期夹炭红陶最多，戳印纹细小而简单，彩陶尚不发达，生产数量极少。中期彩陶生产增多，戳印装饰发达。晚期彩陶生

大溪文化陶器

产减少，灰黑陶、黑陶大量增加。

　　大溪文化陶器，早期主要为红陶，陶色多带橙红色，有的在器表施深红色陶衣。许多器物外表为红色，内壁为黑色或灰黑色，据推测这可能是由于焙烧时器物扣于窑箅上，受到不同气氛的影响所致，还有可能是刚烧成时趁热涂抹油脂和树脂所致。随着时代的发展，红陶逐渐减少，灰陶和黑陶增多，器物种类也增多。晚期大溪文化灰陶和灰黑陶产量很大，主要为生活用具。一部分是泥质陶，另有相当一部分夹炭和夹蚌，夹炭是将稻草、稻壳初步焦化后碾成粉末掺入泥料中，夹蚌是将蚌壳、螺壳加以焙烧使其脱胶易碎，打成细末加入泥料，改善泥料的板结性能，以增强可塑性和成型稳定性，与河姆渡文化的夹炭陶相似。黑陶有两类，一类是表里颜色一致的纯黑陶，另一类仅为器表呈黑色，而胎为灰色。此外，还有一些用含镁量很高泥土制成白陶。

　　主要器物是饮食器皿，器形有豆、杯、敛口钵、圈足盘、弧腹盆、敛口簋、折沿鼓腹盂、圈足碗、曲腹杯、瓮、斜沿罐、小口直领罐、壶、高领平肩直腹瓶、筒形瓶、鼎、釜等。另有大量的器座、器盖，以及实心陶球和空心裹放泥粒的陶响球。其中筒形彩陶瓶、圆锥足鼎和簋为典型器。圈足器的普遍使用也是其特征。

　　大溪文化陶器的装饰主要为素面或磨光，使用纹饰的较少，有弦纹、篮纹、篦纹、划纹、附加堆纹和镂孔装饰。戳印纹是大溪文化的特有纹饰，系

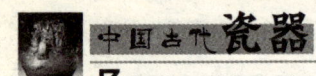

用不同形状的小戳子印于某些器物的圈足上。有圆形、半圆形、新月形、三角形、长方形、方形、工字形纹。本意是戳破泥料表面封闭的薄膜,使坯体中的水分更容易排除,提高烧成质量。这些印纹一般成组印在圈足部位,有规律地排列,产生一种图案效果。

大溪文化的彩陶和彩绘陶质量也很好,但数量不多。主要在泥质陶器上画彩,普遍施一层红色陶衣,画黑彩或赭彩,亦有的施白色陶衣画黑彩或红彩,经过精细打磨,然后焙烧而成。彩陶常见纹样有绞索纹、平行带中夹"人"字纹。其他还有菱形格纹、短线条变形绞丝纹、变体回纹、旋涡纹、谷穗纹、齿状纹。有的器物成型水平很高,如彩陶单耳杯,胎体薄如蛋壳。

知识链接

何为不子?

制瓷原料经过加工,制成砖状泥块,称为"不子"或"白不"。原料制成不子,更便于制作各种瓷坯。中外陶瓷文献一般都采用这一名词。

7. 屈家岭文化陶器

屈家岭文化1954年首先发现于湖北京山屈家岭,因以命名。主要分布在湖北省境内,北到河南西南部,南及湖南澧县,西达四川巫山的大溪。屈家岭文化的年代,以其晚期遗址测定,为公元前2875±220至前2635±150年,其年代大体与龙山文化早期相当。

屈家岭文化的制陶工艺精湛,技术比大溪文化更胜一筹,陶器多为手工制,但快轮制陶已普及。器表光洁,似经过打磨。有的薄胎陶器胎体只有0.5~2毫米,而有的巨型陶缸高度达40多厘米,中国国家博物馆收藏的一件折沿锅口径达86厘米。陶窑砌筑有3股火道,用木柴和竹片作燃料。彩陶和灰

序章　从陶器到瓷器

陶的烧成温度为900℃上下。

　　屈家岭文化陶器中圈足器发达，三足器较多，平底器较少，环底器未被发现。器形有罐形鼎、甑、豆、钵、盆、矮三足碟、罐、高领扁腹圈足壶、盂、双腹圈足碗、喇叭口矮圈足杯、高圈足杯等，很多鼎、豆、碗的器身是仰折的双腹，有的鼎足为扁宽形或矮柱形。器皿造型规整、美观。其中最有代表性的是高圈足杯、三足盘、圈足碗、长颈圈足壶、折盘豆、盂形器、扁凿形足鼎及带盖和底部附有矮圈足的甑等。造型上，无论是安圈或三足制作都很规整，把一种形式分别运用于几种不同用途的器物上，表现出一种规范趋势。如部分碗、鼎、豆的器身基本一样；再按不同器物附加高矮不同的圈足或三足，以适应不同的需要。屈家岭文化陶器中有一种彩陶胎壁非常薄，厚仅1毫米左右，有蛋壳彩陶之称，主要见于碗和杯。屈家岭文化的纺织工具大多数为精美的陶制品，陶质虽然有粗有细，但以细质陶为多，多施橙黄色陶衣，在单面或周边绘褐红色图案。这些反映出屈家岭文化稻作农业发展，居住稳定，制陶手工业发达并为纺织手工业提供了优良的工具。值得注意的是一些艺术品在屈家岭文化遗址中还被发现，有羊、鸡以及彩绘或刻划有花纹的陶球等。

屈家岭文化陶器

　　屈家岭文化的陶系泥制较多，夹砂陶较少。主要有四个陶系，其中灰陶最多，黑陶次之，黄色和红色陶器相对较少。早期泥质黑陶占多数，晚期泥质灰陶占多数。夹砂陶的掺和料多选用细砂，或加入破碎陶片碾成的粉末。

　　彩陶代表了屈家岭文化制陶工艺的较高水平，但其数量不多。彩陶一般为细泥黄陶，敷橙红色、灰色或黑色陶衣。陶衣有的为单色，也有很多器物上施两种甚至三种颜色的陶衣，有的是两种颜色的陶衣相重叠。画陶的颜色主要是黑色，也有橙黄色和红色。彩陶数量虽然不多，蛋壳彩陶杯的彩纹一般都绘在器内；碗则多绘在器外，也有里外都

29

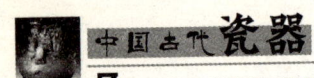

有的，从内到外满施花纹，这种情况是中国新石器时代制陶所少见的。

彩陶的绘制，浓淡相宜，线条随意，内外皆施彩。图案组合细腻而复杂，如弦纹与菱形纹相交的格纹、平行方格内加小方框、横排方格内分嵌卵点、菱形方格纹按组安排、带纹作出不同的宽窄、条纹内外排列圆点、横条纹下挂垂幛纹，另有网格纹和弧三角纹等。屈家岭文化彩绘的最大的特点就是陶衣颜色和彩画的颜色均采用晕染手法，即各类图案色彩浓淡相同，笔道不整齐，从而将黑、灰、褐等多种浓淡不同的色彩构成犹如云彩的花纹，在其间饰以卵点。彩陶纺轮也是屈家岭文化很有特征的陶器，其横截面有椭圆形、长条形等，纺轮上先施米黄色陶衣，然后彩绘出旋涡纹、平行线纹、同心圆纹、卵点纹和短弧线纹。在所有纹饰中，发旋纹的构成最为突出，尤其是彩陶纺轮上的各种旋形纹饰，简练明快，生动活泼。

屈家岭文化陶器，尤其是大量生活用具器表多为素面，这突出了其实用的一面有纹饰的较少，通常用凸弦纹和瓦棱纹作装饰，常见的还有浅篮纹、刻划纹、附加堆纹及镂空装饰。

8. 河姆渡文化陶器

河姆渡文化因其首先发现于浙江余姚河姆渡村而得名，年代约为公元前4360～前3360年。

河姆渡文化出土陶器中夹炭末的黑陶（即夹炭陶）是其最具特征的器物，这种陶器质地单一，火温较低，胎壁较厚，全系手制，但各期在数量上有明显变化。河姆渡文化陶器造型古朴，有薄有厚，色泽不一，弧度随意，显示出当时制陶的原始性，主要器皿有釜、钵、罐、盆、盘等五种，并出土有陶猪玩具。绳纹釜始终是最主要的炊器。主要装饰技法有刻划、捏塑和堆贴三种。图案有各种几何形纹和动植物纹，其中以较写实的鱼、虫、鸟和花草一类的装饰最具代表性。河姆渡文化的陶器阶段性特征表现得非常明显，因此需要分为三个时期来分别介绍。

（1）河姆渡文化一期。这一时期主要采用泥条盘筑法手工制陶，部分陶器上还可见到泥片贴筑的痕迹。造型不整，歪、斜、扭、偏现象很常见，器壁薄厚不匀，制作粗劣，反映了制陶工艺的原始性。从可供观察制陶工艺的陶片看，釜类一般采用分段筑叠，颈和腹分别制作，粘接时附加泥条成肩；罐类用直叠制作；盆、盘类用的是斜叠法。器壁制作普遍较粗糙，唯有盆、

河姆渡文化陶器

盘内壁打磨光亮。器物的附件都是分开制作的。不少器物的口沿、腹部和颈部的破裂处两侧，盖纽和器耳脱落处常留有并排的一面钻的二个小圆洞，很可能是修补器物时钻的洞。除泥条盘筑外，个别小型器物是用一团陶土慢慢捏制而成。

一期陶系中，夹炭黑陶约占陶器总数的大部分，夹砂黑陶则为少数，彩陶仅在河姆渡遗址有零星发现。其中夹炭黑陶是在绢云母质的黏土中有意识地掺和大量的植物茎叶碎末、谷壳等有机质或事先炭化后再羼入陶土烧成，火温较低，在800℃~850℃之间。考古资料表明，河姆渡文化的夹炭陶器器表呈黑色很大一部分是在特殊的埋藏条件下产生的变色，原本器表应是斑驳的氧化红色。胎质较软，器壁厚重。器形主要有釜、罐、盆、盘、钵、器盖和器座等。夹砂黑陶质则较坚硬，火温比夹炭黑陶稍高，在880℃~930℃之间，器壁较薄，器体较重。陶色不如夹炭陶那样黑，器形主要是敞口釜和极少数的罐、钵。彩陶胎质为夹炭陶，器表涂了一层较细腻的灰白色陶土，在陶土将干未干时，经过精心刮削、打磨，犹如披上了一层发亮薄膜，最后施咖啡色和黑褐色彩绘花纹。

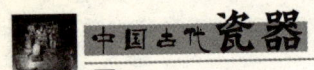

这一时期有拍印、刻划、戳印等装饰方法，还有少量的堆贴动物纹和彩绘等。拍印绳纹是河姆渡文化制陶工艺的一个必要工序，也是炊器上最主要的装饰。几何形图案，可能用动物骨片、植物枝条和贝壳等作工具刻划、戳印而成。弦纹、贝齿纹、籽粒纹不同的组合构成丰富多彩的图案。大多饰于器物的口沿和釜的肩部。部分釜的颈部还有密集的平行细线条组成的篦纹。罐、盆、钵腹部偶见刻划动植物图像，极个别敛口钵口沿及器盖上也见堆贴动物图像。

（2）河姆渡文化二期。这一时期陶器的制作仍以手制为主，形制规范，造型规整，罐、盆、豆的制作尤为精细。少数器物的口沿，可能已采用慢轮修整。胎质较坚硬，烧制火温较高，在800℃～900℃之间。

陶系以夹砂灰陶为主，夹砂红陶、泥质红陶较少，夹炭陶更少，泥质黑陶则很少。夹炭陶器表多有红色陶衣，少量有黑色陶衣。用夹炭陶制成的陶器多是釜、罐一类器物。泥质黑陶的表面常有一层黑衣，夹砂灰陶质地坚硬，砂粒粗大，器表多有一层灰色陶衣，器壁厚重，釜、鼎、器盖等多系夹砂灰陶。泥质红陶主要是"外红里黑"，胎壁较厚，质地细腻，外表施红色陶衣。

河姆渡文化二期夹砂灰陶器

豆、盆和钵式盉是用这种泥质红陶制成的。泥质灰陶，胎质细腻，器表多经刮削打磨，银灰色的器表显得光滑发亮。器形主要有豆和罐。

该期陶器以素面为主，花纹装饰主要有绳纹、弦纹、斜线纹、戳印纹、镂孔和附加堆纹等。绳纹多拍印于釜和鼎的腹部，釜腹可见少数篮纹装饰；弦纹和斜线纹多拍印于釜、鼎和盆的上腹部；粗凹纹常见于外红里黑喇叭形豆的豆盘口沿；镂孔大多装饰在喇叭形豆把、盆的圈足和釜支架上；附加堆纹分别装饰在釜、鼎、罐的腹部。敞口釜成为主流炊器，新增加了多角沿釜、钵形釜、扁腹釜和鼎、盉、鬶等三足器，腰沿釜仅在河姆渡遗址有零星陶片发现。陶纺轮及小件陶器（包括瓷器艺术品）数量都很少。

（3）河姆渡文化三期。

仍以手制为主，但有相当一部分器物的口沿已采用慢轮修整，还有些器物可能使用轮制技术。由于制陶技术的进步，陶器形制更为规整，绝大部分陶器胎壁均匀较薄，火温较高，在900℃～1 000℃之间。

夹砂红陶占多数，夹炭红衣陶、夹砂灰陶、泥质红陶、泥质灰陶均有一定的比例。夹砂红陶多见于釜、鼎、釜支架和器盖等，盘口釜多采用夹炭陶制作，泥质陶常用来制作豆和罐。器形主要有釜、鼎、灶、鬶、盉、罐、豆、盆、盘、钵、釜支架和器盖，还有纺轮、陶拍、陶塑、小陶器、陶饰和陶丸等，以釜、鼎为主，豆、罐多见。

装饰花纹趋于单调，以素面为主。釜、鼎腹多保留绳纹，偶见篮纹，还有凹凸弦纹和弧线纹。鼎足上多有刻划纹。豆把上的镂孔的形状以圆圈、方孔、弧边三角形为主，有的豆盘内壁刻划抽象图案。

9. 马家浜文化陶器

马家浜文化是分布于浙江北部、江苏南部的太湖周围和钱塘江北岸地区的一种新石器时代文化，距今约5 700～6 750年，因1959年首次在浙江省嘉兴县马家浜发现而得名。由于比河姆渡文化有很多进步，有人认为它是继承了河姆渡文化因素继而发展起来。

马家浜文化的制陶手工业及陶器艺术水平都有所提高，成型基本上采用手制，但整修得相当整齐；部分经慢轮修整。陶器以夹砂红陶为主，并有部分泥质红陶、灰陶及少量的黑陶、黑衣陶，红色陶衣已普遍使用。早期多用夹砂陶，很少用泥质陶；晚期夹砂红陶、红褐陶、泥质红陶都有。夹砂红陶

马家浜文化陶器

有的掺细砂粒，有的掺蚌壳末，质地较粗，和泥质陶一样，盛行施红色陶衣。夹砂红陶烧成温度在800℃～870℃之间。泥质陶质地较细，由于烧成和渗炭关系，器物外壁是红色，内壁呈黑色，或表红胎黑。泥质红陶的烧成温度在760℃～950℃之间，灰陶达810℃～1000℃。

马家浜文化陶器器物多样，有环底器、平底器、圈足器、三足器和袋足器等。主要器形有钵、盆、盘、罐、杯、瓶、觚、尊、壶、豆、鼎、勺、支座等。早期釜多鼎少，晚期器物种类鼎、豆增多，陶鼎的形式也随时间的推移而变化。马家浜文化最独特的是一种"腰沿釜"（即腹部有一道宽沿的环底釜）。喇叭形圈足豆和釜形鼎也有其研究价值。鼎足呈扁平或铲形（凿形），颇富特征，另有圆柱形和扁圆形（近似鱼鳍形）等多种形式，根部常有双目式装饰。其他代表性器物还有很多。如素面腰圆釜、扁锥足釜形鼎、带流平底盉、双耳罐、喇叭形圈足豆、敞口盆、钵等。

马家浜文化陶器的器物表面多为素面或磨光，使用纹样装饰不常见，带装饰也很简单。主要有弦纹、附加堆纹、镂孔以及少量彩陶。有的器物的耳做成巧妙的牛鼻式、鸡冠形，具有较高的艺术欣赏性。

知识链接

陶车

陶车也叫辘轳，是千余年来最重要的成型工具，主要构件是一个木制圆轮，轮下有立轴。立轴的下端埋于土内，上端有枢纽，便于圆轮旋转。操作时，利用轮车的旋转力，用双手将泥坯拉成所需的形状。

陶车出现于新石器时代晚期，结构简单。宋代制瓷业发展较快，陶车的结构也根据生产的需要加以改进。制作坯体时，将胎泥放在旋轮上面中间，拨动旋轮，使之快速持久转动，再用手将放置在旋轮中间的胎泥拉成所需的器形。陶车也用于修坯、装饰等工序。陶车的出现和广泛使用，促进了制瓷技术的发展，提高了陶瓷的生产效率，对提高陶瓷质量起了巨大作用。

10. 良渚文化陶器

良渚文化是分布于浙江、江苏部分地区的一种发达的新石器时代晚期文化，稍晚于龙山文化，距今约4 000～4 700年。分布于江苏南部和浙江北部的钱塘江下游和太湖地区。因1936年在浙江余杭良渚镇首次发现而得名。

良渚文化制陶技术较高，轮制陶器多见，器壁较薄，造型规整、表面光亮，黑色陶器特征最为鲜明，但多属灰胎泥质黑衣陶，由于烧成温度较低，黑衣极易脱落。夹细砂的灰黑陶亦多见，有少量橙色的夹砂陶和泥质陶，陶胎细软。三足器和圈足器普遍

良渚文化陶器

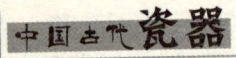

使用，器形有壶、豆、盘、篦，杯、碗、盆、罐、尊、盉、釜、鼎、鬶等，其中以大圈足浅腹盘、带盖高颈贯耳壶、竹节形把豆、高圈足镂孔豆、柱足盉、带流宽把杯、高档细颈袋足鬶和断面呈丁字形足的鼎等为最典型，还有一种篦形器较有代表性。

　　良渚文化陶器最有特点的是薄胎黑陶，烧造温度较高，器壁厚2毫米左右，颇似龙山文化的蛋壳黑陶。

　　良渚文化陶器的一般器物均为素面，表面打磨得很光亮，烧后呈黑色光泽，少数器物有镂空和划纹装饰。镂孔形状有圆形、椭圆形、窄条形、长方形、弧边三角形等，在圆足和豆把上最为常用。纹饰线条纤细工整，以几何形纹为主，有弦纹、竹节纹、锥刺纹、波浪纹及附加堆纹等，此外还出现了精细的鸟纹。良渚文化也有少数彩陶和彩绘陶。彩陶系在白色陶衣上用红褐或黑彩描绘旋纹或斜方格纹。彩绘陶分为黄地绘红色弦纹和黑地绘黄色弦纹两种。

白陶和原始瓷器的出现

　　原始瓷器的形成需要三个起码的条件：第一是原料的选择和加工，主要表现在氧化铝成分的增多和氧化铁成分的降低，使胎质呈白色；第二是经过1 200℃以上的温度烧成，胎质烧结致密，发生瓷化，不吸水，击之发出清脆的金石声；第三是在器表涂上耐高温的釉，烧成后胎釉结合牢固，厚薄均匀。白陶的出现已说明具备了前两个条件，因此起到了重要的过渡性作用。

　　白陶就是表里和胎质都呈白色的一种素胎陶器。这种陶器之所以呈现出纯净的白色，是因为它的制作原料和制作工艺与当时各种泥质或砂制陶器均大不相同。白陶的原料在化学成分上非常接近瓷土和高岭土，所含氧化铁比例极低，大约只有1.6%（瓷土和高岭土的含铁量分别只有 1.59% 和

双耳白陶衣单彩旋纹折线纹罐

1.72%），远远低于其他陶器原料中的含铁量；再加上在1 000℃（最高可达1 200℃）左右的温度中烧成，因此烧成后表里和胎质都呈白色。

白陶起源于新石器时代，在中原龙山文化晚期和二里头文化早期遗址中都有发现。最初的白陶基本上都是手制，以后也逐步采用泥条盘筑制和轮制。由于白陶的烧制工艺技术达到了当时的最高水平，和当时的其他陶器比较起来，具有胎质坚硬、外观洁净的优点，所以逐渐受到了当时统治阶级的青睐。

在夏商时期，白陶的主要形制种类不多，且都是供统治阶级享用的盉、鬶、爵、罍、壶、卣、觯等酒器和豆、钵、簋等食器。

知识链接

夏商周断代工程

"夏商周断代工程"是我国的一项文化工程，是国家"九五"科技攻关重点项目。由于我国古书记载的上古确切年代，只能追溯到西周共和元年（即公元前841年），再往上就缺乏明确的记载，出现了"五千年文明，三千年历史"这样一个令人遗憾的现象。在这种情况下，1996年5月，国家启动了夏商周断代工程。该工程的核心任务是研究和排定中国夏商周时期的确切年代，为研究中国五千年文明史创造条件。它以人文科学和自然科学相结合，集中了9个学科12个专业200多位专家学者联合攻关，是一个多学科交叉联合攻关的系统工程。

各领域专家学者通力合作，以自然科学与人文社会科学相结合的方法来研究中国历史上夏、商、周三个历史时期的年代学的科学研究项目。参与该工程的包括来自历史学、考古学、文献学、古文字学、历史地理学、天文学和测年技术学等领域的170名科学家。历史学家主要把中国历代典籍中有关夏商周年代和天象的材料尽量收集起来加以分析整理；天文学家负责全面总结天文年代学的前人已有的成果，推断若干绝对年代；考古学家对和夏商周年代有密切关系的考古遗存进行系统研究，建立相对年代系

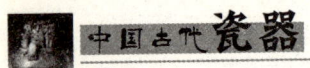

列和分期；科技测年专家则采用各种方法测定出土文物的年代。

2000年11月9日，工程组正式公布了《夏商周年表》，把夏朝开始的年代定为约公元前2070年，夏商分界大约在公元前1600年，盘庚迁殷约在公元前1300年，商周分界（武王伐纣）定为前1046年，周懿王元年定为公元前899年。其中最后两个年代是整个年表建立的依据。

这一结论已经被一些词典和教材采用。但是截至目前，工程的完整报告尚未通过论证，阶段性成果仍有争论和质疑。

白陶发展的顶峰出现于商代晚期。白陶器在河南、河北、山西和山东等地的商代后期遗址与墓葬中多有发现，其中在河南安阳殷墟出土数量最多，因为制作技术大大提高，精细地淘洗原料，器物制作更加精致，胎质纯净洁

商代白陶豆

白而细腻,烧制火候的掌握也恰到好处,因而烧制出来的器物愈加素净美观。

到了西周,由于印纹硬陶器和原始瓷器的大量制造与运用,白陶器就很少烧造了,从而逐渐衰落下去。

商代以前的白陶器,器物表面大多是素面磨光,只有少量印绳纹。商代后期的白陶器,胎质纯净细腻,装饰往往遍布器物全身,构图严谨而富于变化。其中尤以商、西周、春秋时期的纹饰线划均匀,结构严谨,且富有韵律感。尤其是商代白陶器表多刻有饕餮纹、夔纹、云雷纹和曲折纹等精美图案,装饰方法有刻纹和浅浮雕两种。从其中一些白陶器的形制和器表装饰可以推测,这应该是仿制同期青铜礼器而制作的一种极珍贵的工艺品。

白陶在中国陶瓷的发展史上有着极其重要的地位。因为尽管其烧成品没有达到瓷器的所要求的程度,但它却为原始瓷器的产生积累了技术经验。中国古代的劳动人民正是在烧制白陶器的实践中,不断改进原料及其处理技术,提高烧成温度,再加上后来出现的器表施釉技术,才最终创造出了原始瓷器。

釉的发明和使用是原始瓷器出现的第三个必备条件。最初或许是一种偶然——在密封得很好、窑炉温度较高的窑室里,在燃烧的过程中,燃料上的柴灰掉到了器物表面上,和瓷土中的长石融化在一起,在器物表面自然形成了一层薄薄的釉面,从而启发了当时的陶工。陶工们开始有意识地把烧好的草木灰拌入被稀释的瓷土泥浆中,最后涂在尚未烧制的器物表面,最早的灰釉便由此产生。这种含有草木灰和微量铁质的釉,在氧化焰中烧制呈黄色或褐色,在还原焰中烧制则呈青色或青绿色。高温釉的发明可以说是中国人的创举,比世界上最早发明低温釉的西亚还要早很多年。高温釉具有橄榄绿、绿色、青绿色、青色、黄色、褐色等多种釉色,并具有沉静、含蓄、雅素、温润的特点,这些特点后来发展成为中国瓷器特有的风格。

原始瓷器常见的形制器物有尊、钵、瓮、罐、豆、簋等。原始瓷器的胎质比较坚硬,颜色多呈灰白色和灰褐色,少量胎质则为纯白稍黄。器表釉色以青绿色最多,并有一些豆绿色、

商代原始瓷器尊

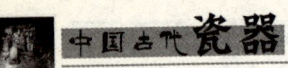

深绿色和黄绿色。原始瓷器的成型工艺，和硬纹印陶一样，多采用泥条盘筑法，盘筑成型后，用印有各式纹饰的拍子拍打，一方面使泥条紧密粘紧，另一方面又装饰了器表，最后经过刮削，再上釉烧成。器表的釉下大部分饰有方格纹、叶脉纹、锯齿纹、弦纹、席纹和S纹，并有一些圆圈纹和绳纹。

出现在商代的原始瓷器，有坚固耐用、器表带釉、不易污染而易清洗等优点，除在黄河中下游一些地方有少量出土外，大多在长江下游和东南沿海一带出土。

瓷器发明以后中国陶器发展略述

瓷器发明以后，陶器并未彻底退出历史舞台，而是以其顽强的生命力，用另外一些形式，与瓷器并存并与之交相辉映，形成中国陶瓷发展光辉灿烂的交响史诗。

西周、春秋战国时期，制陶业以生产民间实用器皿为主，除了延承商代一些陶器形制外，并没有多大的创新，但建筑用陶却有了新的发展。

秦代陶器的品种繁多，大多仿自铜器的造型。最惹人注目的是兵马俑，被誉为世界奇观。个个形体高大，和真人真马大小相似，形象生动而传神。整个军阵严整统一，气势磅礴，充分展现了秦始皇当年"奋击百万""战车千乘"统一中国的雄伟壮观情景。秦兵马俑的烧成，是陶瓷工艺史上的空前壮举，它反映了当时的文化艺术、科学技术和生产水平的情况，为我们研究秦代烧陶技术和雕塑艺术提供了非常珍贵的实物资料。

知识链接

秦始皇陵兵马俑

秦始皇陵兵马俑坑是秦始皇陵的陪葬坑，位于秦始皇陵封土东侧约1500米处的东门大道北侧。1974年3月，被陵东的西杨村村民在抗旱打井时于无意中发现。1974—1977年，考古工作者陆续发现了三座兵马俑坑，分别编号为一、二、三号。三坑呈品字形排列。一号坑呈长方形，东西长230米，南北宽62米，深约5米，总面积14 260平方米，四面有斜坡门道。厅内整齐有序地埋藏着由210件武士俑组成的3列横队，面朝东方，象征军阵的前锋。其后的11条坑道，埋藏着由数千件武士俑和多辆驷马战车组成的40路纵队，除位于边沿、担负侧翼与后卫的武士分别面向南、北、西方外，其余38路武士及战车一律面朝东方。按已发掘部分的排列密度推算，1号坑埋藏兵马俑总数达6 000余件。二号坑面积约6 000平方米，由八列战车，每列八乘，每乘车后有2~4名车士，无徒兵，为战车方阵。中三条坑道内排三列战车，每列六乘，车后排列有徒兵和骑兵，是车、步、骑的混合军阵。北部三条坑道，每条内有两乘战车，其后为八队骑兵，每队四列，为骑兵阵。四个部分既相对独立，又彼此密切联系，集各军兵种于一个阵列中。三号坑面积520平方米，呈"凸"字形状。出土战车一乘，马俑四件，武士俑68件。坑内陶俑以夹道式排列，表明它是秦军阵的指挥中心。

汉陶俑的制作艺术性较高，出土的说书人俑神形皆备，令人叹服。汉代的砖瓦艺术也达到了相当高的程度，其画面精细，内容丰富，极富时代气息，多侧面地反映了当时的社会生活情况。西汉陶器最常见的是泥质磨光灰陶，同时又出现了一种在釉料中加入助熔剂的铅色釉陶。铅釉陶的制作成功，是汉代制陶工艺的又一成就。釉料中加入铅，不仅可以降低釉的熔点，还可以使釉面增加亮度，平整光滑，使铁、铜着色剂呈现美丽的绿、黄、褐等色；但以绿釉为多，绿如翡翠，光彩照人。墓葬中出土的铅釉陶器表面，往往泛出一层银白色的光泽，称为银釉。其形成银釉的原因是由于釉面长期受潮，釉层表面析出多层次的沉积物，在光线折射下，就产生了银白色的光泽，并不是在釉料中加入银的缘故。汉绿釉中的银白壶、狩猎壶在1984年时，每件价格在香港一下子升到了两三万美元，以后由于绿釉罐的大量出土，价格才跌落下来。

　　汉代铅釉技术的发明和发展，在我国陶瓷史上占有重要地位。它不仅为后世著名的唐三彩的出现开辟了道路，而且为明清景德镇五彩缤纷的釉上彩瓷的发展奠定了基础。汉代的釉陶楼阁虽是陪葬物，但它也是我国开始烧造琉璃瓦的先导，在我国建筑艺术史上占有重要的地位。

　　三国、两晋、南北朝时期，陶器与瓷器开始明显分化。由于瓷器在日常生活中的广泛使用，陶器逐渐不为人们所重视，所以制陶业呈现衰落局面。陶器制品一般比较粗糙，种类少，灰陶的火度低，质量低劣。陶质建筑器材、少量炊具以及寻常老百姓家用的罐、钵、碗在人们的日常生活中，仍占有一席之地。作为明器的陶俑还在发展着，还在随社会的变迁而变化，且其制作已经步入艺术创作的正轨。此时陶俑的雕塑艺术水平不断提高。三国时期陶俑表面呆板，比例失调，非常粗拙。到了南北朝时期，陶塑艺术完全成熟，并为唐代、宋代陶俑艺术的高度发展铺下了厚实的基础。在北方，一般都以组合俑为主，陶俑的形象、服饰具有明显的民族特征。这从一个侧面反映了南北民族之间的融合。在南方，成套组合的俑群非常少见，随葬的男女侍从俑多为个体，风格崇尚写实，塑造的形象多面带笑容，以静态为美。这种仪态反映了当时社会的审美情趣和价值观。能代表这时期陶塑艺术水平的是北朝陶塑人物和动物。北朝大墓随葬陶俑动辄数百成千，随葬陶器皿、陶模型器一般也有数十件。随葬瓷器的数量显然不能同共出的陶俑、陶器皿的数量相比。其造型尤为生动。陶塑人物中，文吏俑一般头戴冠，身着袍，腰束带。或双手下垂，或拱袖而立，温良恭谨，具备北朝艺术的特征。武士俑以骑甲马武士俑和按盾武士俑令人注目，人马全身披甲，威武强悍，勇猛异常，体现了北朝军队的战斗力。陶塑动物中突出的有马和骆驼，马四蹄矫健，鞍鞯华丽，具有一定的艺术

东汉陶塑舞俑

序章　从陶器到瓷器

唐三彩伎乐骆驼俑

水平。陶塑骆驼，从北朝始方有，制作也有相当的水平。元邵墓中出土的一件骆驼，昂首屹立，双峰间设鞍，上被长毯，毯上横置货袋，仿佛正在跋涉远行，是北朝陶塑艺术中特色鲜明、令人赞不绝口的作品。

在南北朝的陶塑艺术基础上，唐代三彩陶俑的出现，更是将陶塑艺术推向了一个高峰。在造型、施彩或是制作方面都达到了相当高的水平，为后世所不及。三彩女俑、镇墓兽、文武俑官、罐壶盘碟等，都成为文物交易中的宠儿，身价倍增。三彩女俑，每件万元，高一点的文官三彩俑，每件五万元上下，三彩罐壶等，每件也都在万元左右。三彩陶俑，一直流行到宋、元、辽，但无论风格和气派，整体水平都赶不上唐代。

貌似在三彩陶的发展后劲不足的时候，江苏宜兴的紫砂陶又异军突起，

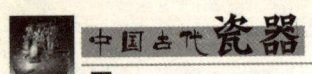

成为陶器中一个独具特色的品种，得到人们的关注。紫砂陶产生于宋，盛行于明中叶以后，一直为人们所喜爱，在今天仍长盛不衰。特别是紫砂陶优良的质地，美观古朴典雅的色泽，更是令古代文人雅士们倾倒，于是紫砂陶茶具上诗、书、画、篆刻一应俱全，成为我国茶文化的一个组成部分。历代藏家都喜爱紫砂陶的古朴高雅，使紫砂陶的地位与众不同。

第一章

先秦两汉魏晋南北朝瓷器

　　从商代至战国,瓷器的制作还处于原始阶段。当时的瓷器制作工艺水平低下,所烧成的器物只是初具瓷器的基本特征,还有一定的吸水率,但胎中还是含有一定量的铁成分,在略低温度中烧结,颜色较深,因此烧成之后透光性较差,不具备真正瓷器的薄胎半透明性质。此外因为工艺水平不稳定,铁含量和烧成气氛不能自如地控制,釉色也不好掌握,所以具有一定的原始性,这就是原始青瓷,亦称原始瓷。

　　在影响原始青瓷产品质量的诸多工艺因素中,最为重要的有两个:一是原料的选择和加工;二是陶窑构筑。窑内气氛和温度的控制,原始瓷的发明和发展,说明当时在陶瓷原料的选择和加工上,在窑的构筑和烧成技术上,都达到了一个较高的水平。

　　原始青瓷尽管与后代瓷器相比还存在着相当的距离,但毕竟是其前身。它的出现是个伟大的起点,预示着后代瓷器的产生、发展与繁荣。

第一节
商周至战国瓷器的发展

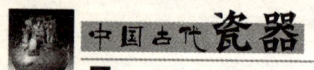

商代至战国原始青瓷的发展演变

1. 商代原始青瓷

原始青瓷从商代中期出现以后，其产量就一直呈上升的趋势。在黄河流域和长江流域，制瓷产地广泛分布。分布于黄河流域的有河南郑州二里岗、安阳殷墟，河北藁城台西村，山东滕州前掌大、益都苏埠屯和山西垣曲商城；分布于长江流域的有江西清江吴城、浙江江山南区和湖北黄陂盘龙城等地，其中又以长江下游为盛。这是因为原始青瓷的制作原料简单，皆为就地取材，只有在选择和加工上比较讲究。中国南方的许多地方因为具有丰富的瓷石矿，所以原始青瓷首先在长江下游得到了较大发展。

通过对截至目前我国的出土器物的研究，我们得出结论，商代原始青瓷多采用泥条盘筑法制成，有的再用慢轮修整口沿；也有少量用快轮制。胎质淘炼较为粗糙，但秘结程度较高，器壁较厚重，内部一般呈青灰色，并略显灰黄或灰白。器物烧成温度达 1 300 度以上，已接近现代瓷器的烧造温度，因此瓷化程度都比较高，其断面很少吸水，叩之器体多发金石之音。商代前期原始青瓷的常见器形有敞口长颈折肩圆底尊、敞口深腹圆底罍、敞口圆底钵、敛口深腹罐、浅盘高杯豆、双耳簋等。商代后期常见的器形有敞口长颈折肩圆衣尊、小口短颈深腹罐、深腹双耳罐、侈口子沿圆底盆、敛口假圈足钵、浅盘喇叭座豆、圆足簋、碗等。商代原始青瓷只有少部分模仿当时的青铜器，大部分与当时的陶器基本一致。

第一章 先秦两汉魏晋南北朝瓷器

商原始青瓷豆

商代原始青瓷大多采用玻璃质石灰釉，色泽呈现黄绿色或青灰色，釉面光亮但不均匀。由于釉中含2%左右的三氧化二铁，使得釉在氧化气氛中烧成时显青色或青绿色，在很长时期内，成为中国瓷釉色泽的一个特征。商代瓷器常见的装饰手法有拍印、刻划、戳印等，纹饰有方格纹、篮纹、叶脉纹、锯齿纹、弦纹、席纹和S型纹等。

2. 西周原始青瓷

西周时期原始瓷器的烧制工艺在继承商代后期成果的基础上有了新的发展和提高，出产的地区较以前更为广泛。考古工作者在北京房山、山东滕州、河南洛阳北窑、山西曲沃、陕西周原，以及河北、安徽、湖北、江苏、浙江、江西等地的部分西周遗址与墓葬中，都曾发现周代原始青瓷器。

周代原始青瓷中大部分小型器已经采用了整体轮制的方法，胎体轻薄而

西周原始瓷青釉划花双系罐

规整。大型器仍采用手制加轮修的成型方法。就总体而言，器体的制作较商代更加讲究外观的规整。

西周时期原始青瓷在商代基础上进一步发展，除继续流行尊、钵、盘等器形外，还出现了盂、瓮等新器形。其中常见器形有浅盘矮圈足豆、敛口低颈圈足罍、敛口深腹平底瓮、敞口深腹簋、平底碗、平底罐、敛口双耳圈足尊、敞口钵、四系尊等。这一时期瓷器造型与同一时期陶器造型有了很大的区别。

在诸多西周原始青瓷器皿当中，尤以罐（罍）的制作最为突出，此类器形在我国河南省和北京西周初期大型墓葬中都有发现。其中尤以河南洛阳出土的一件双系双耳罐为此期瓷器的代表作，此器造型：敞口低领、折肩深腹、小圈足，其肩部塑起对称双系和泥条盘塑的双耳器外通体施一层透明的青绿色玻璃釉，但施釉不均，器面布有斑痕。器物装饰较有特色，除以刻划七道旋纹和三层联体人字形纹环绕其肩外，其余部分不施加任何纹饰，总体上给人庄重的感。

西周原始瓷的胎釉特征也基本和商代相同，其质量比商代提高一些。胎体开始变薄，胎质普遍细腻，基本不吸水，胎色以白中泛灰的灰白色为多。釉层一般比较薄，有的器物内外皆施釉，有的仅外壁全部和内壁上部施釉。常见施釉方法有浸釉和刷釉，浸釉较之于刷釉，其胎釉结合较好。釉色多呈青绿色或豆绿色，此外还有青黄、暗青、酱色、淡黄色、绛紫色等，并有少量黄绿色与灰青色，瓷器釉面普遍具有一定的光泽。

西周原始青瓷的器体装饰仍然用原体刻划、拍印纹饰为主的"素体"装饰技法，器物纹饰除大多延续商代的装饰纹饰外，曲折纹、划刻斜方格纹（网纹）也开始大量流行。比较普遍采用的纹饰有弦纹、水波纹、锥刺纹、斜方格纹、横F纹、云雷纹、网纹、圆点纹、划纹以及乳丁形、S形、绳索形等。

3. 春秋战国时期的原始瓷器

春秋时期的原始瓷器和西周原始瓷器相比，质量更加有提高。值得一提的是春秋晚期，江、浙一带的原始瓷器成型工艺，从泥条盘筑法，改为轮制，因而器形规整，胎壁减薄，厚薄均匀。圈足器基本消失，平底器盛行，还有少量的假圈足器。常见器形敛口比较多，比如深腹圆鼓平底罐、敛口扁圆腹平底瓿、敛口浅腹圆鼓平底盂、大敞口平底碗、双耳直筒罐和器盖等。

这一时期江浙一带原始瓷器的质量更为突出，其产品胎质更为细腻，多呈灰白色，还有黄白色、紫褐色。胎釉结合较好，极少有剥釉现象。施釉方法为蘸釉，釉色分青绿色、黄绿色、灰绿色等。器表釉下纹饰有大方格纹、编织纹、卷云纹等。

这一时期在黄河中下游地区春秋时的原始瓷器则很少被发现，只有釉下饰印方格纹的敛口深腹圆鼓平底罐被少量发现。

战国时期原始青瓷的生产有很强的地域特点，以江浙赣一带为主，还有

春秋时期原始瓷尊

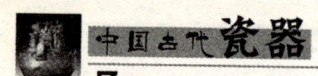

山西、广东、广西、湖南南部等地出产。

　　战国青瓷已普遍采用陶车拉坯成型，器形规格，器壁厚度均匀，钵、碗、盘、盂等内底，从心而外有一圈细密的螺旋纹，外底有一道道切割痕。

　　此时的器形更加丰富，除碗、钵、盘、杯、盅等小型饮食器外，还有罐、瓿、洗等个体较大的盛储器。炊器也在此期出现，如甗、鼎等。还出现了仿铜礼器，如鼎、盉、壶、匜、鉴、钟、錞于等。

　　战国早期原始瓷器还有一些部分春秋风格，到战国中期这种情况就改变了。从江浙赣地区出土的原始青瓷来看，这一时期原始青瓷的胎质坚硬致密，呈灰白色，有的略显灰；瓷土经粉碎与淘炼，烧成情况良好。釉层的透明度提高，而且胎釉之间出现了较为明显的中介层。因此，釉层脱落现象更为少见。釉色呈青色或青中泛黄，有的釉层厚薄均匀，有的凝聚成芝麻点状。两广、湖南的产品，胎色为紫红色，釉有黄褐、黄绿、墨绿等色。

　　战国原始青瓷的主要装饰手法有刻划、模印、堆贴等。常见的纹饰有弦纹、水波纹、直棱纹、"C"形弧线纹、横"S"形贴饰、云雷纹、铺首等。

原始青瓷的主要烧制窑厂

　　战国时期烧造原始青瓷的窑，各地都有所发现，从目前情况来看窑场比较集中、生产规模最大的是浙江萧山县进化区和绍兴富盛两地。在这两个地方共发现窑址二十多处，并且每个窑址的范围都比较有规模的。例如富盛长竹园窑址，现存面积为南北长200米、东西宽40米。在窑址的南部已暴露出南北并列的窑床遗迹两处，每处都有上下相压的龙窑五条，而且从遗物的分布情况分析，近旁应该还有窑床。这说明当时窑的建造是密集的，并且都是龙窑，装烧量较大，产量高。进化和富盛都是半山区，有山有田，还有溪流，土地肥沃、水源充足，山上林木茂盛，瓷土资源丰富，还有一个有利条件是距离越国的都城比较近，是建立陶瓷窑场十分理想的地方，所以成为越国瓷器生产的重要基地之一。此外，在广东始兴县白凤圹、增城县西瓜岭和浙江上虞县王家村等地都发现了陶瓷窑场。

　　这两处窑场都是印纹硬陶和原始青瓷同窑合烧，这两种产品所用的原料粗细有别，成型方法各有不同，烧成温度亦略有高低，所以窑场的生产是比较复杂的。在同一窑中，要使这两种烧成温度有高低的产品都合于要求是比

第一章 先秦两汉魏晋南北朝瓷器

已有 600 年历史的宜兴古龙窑

较困难的，因此烧成温度要求较高的原始青瓷，有的胎没有完全烧结，玻化程度比较差，而烧成温度要求较低的印纹硬陶则恰到好处，完全达到了烧成要求，甚至有少数因过烧而器身下塌、口底相粘。

烧印纹硬陶和原始青瓷的窑炉，分为圆窑和龙窑两种。从发掘资料和窑床所在的地形看来，绍兴富盛、萧山进化区和增城西瓜岭可能都已使用龙窑，这说明我国使用龙窑已有二千四五百年的悠久历史。

知识链接

龙窑

所谓龙窑，是一种半连续式陶窑，是我国窑炉的一种形式，因为多砌筑在坡地上，约与地平线构成 10°~20° 角，依一定的坡度建筑，斜卧似龙而得名。亦称蛇窑、蜈蚣窑。我国最早的龙窑发现于浙江上虞，为商代窑址。至明清时期，南方各产瓷区，如江苏、浙江、广东、福建、江西和湖南等地仍多有砌筑，现中国长江以南及东南亚部分地区仍保留有少数龙窑。

龙窑的窑室分窑头、窑床、窑尾三部分，以杂柴、松枝等植物为燃料，采用自然通风方式，因建在山坡上，故窑内火焰多平行窑底流动，火焰抽力大，升温快，同时装烧面积大，产量高。龙窑最大优点是升温快，降温也快；可以快烧，也可以维持烧造青瓷的还原焰。所以说龙窑是青瓷摇篮。

我国的原始瓷器生产，自商代到战国，在这一千多年中都在不间断地向前发展着，更值得一提的是春秋末到战国早中期的原始瓷器，胎质细腻，铁和钛的含量较低，外施青釉，已经接近成熟的瓷器。但在楚灭越后，越地原先盛行的原始青瓷突然消失了，位于越国都城较近的今绍兴县富盛和萧山县进化区的二十多处陶瓷窑址，经过多次调查和对绍兴富盛长竹园窑址的试掘，在废品堆积层和龙窑窑床中均未发现战国晚期的遗物，表明其生产突然中断了。由此看来，吴越地区原本发达的原始青瓷的突然消失，很可能与楚灭越的兼并战争有关。

除了萧山和绍兴以外，在浙江湖州市，特别是所属的德清县，考古工作者也发现了许多古窑址群，据考证这些遗址多是商至西周、春秋战国时期的。

1. 商代末年至周初的黄梅山窑址

位于湖州市青山乡黄梅山。主要器形有豆、罐、器盖等，器物内底均有旋坯留下的痕迹，这与其拉坯或泥条盘筑结合轮修的工艺技术有关。豆盘与豆把是分制后再衔接，罐类内壁有拍印纹饰时抵手留下的垫窝。纹饰主要有席纹、云雷纹、回纹复合云雷纹几种，印纹较浅。施淡淡的青黄色釉，釉容易剥落。

2. 西周末至春秋时期的窑址有火烧山、防风山、苦竹坞窑址等5处

火烧山窑址位于武康镇龙山村火烧山。1958年建造掘步岭水库时大坝从山上通过，现在东西两坡被大坝所压，仅仅暴露南北两坡的部分堆积与窑炉遗迹，面积约600平方米。出土的器物有原始青瓷碗、盘、罐、钵盖等。产品以原始青瓷为主，印纹陶少见。堆积中包含大量红烧土、原始青瓷残次件和垫珠等。原始瓷有饮食器和贮存器两类，器形较丰富，胎质较粗，夹杂较大的颗粒和气孔，呈灰或灰黄色。成型采用泥条盘筑结合轮修的方法，罐类内壁有泥条盘筑痕。部分碗的底腹之间接痕明显，外底无线割痕迹，说明不是一次拉坯成型的，口沿较规整，应该是经过轮修的。另有一部分碗系拉坯成型，外底都有粗大的线割痕迹，器形较规整，胎体厚薄匀称。碗、盘、盂等器的内底至腹壁普遍有螺旋纹。装饰采用堆贴、刻划、拍印等技法，碗、盘的口沿及罐耳的两端等处多见堆贴S形纹。罐类以大口桶腹的形制为主，一般都有装饰性的U形绚纹系或泥条合并系，外壁拍印云纹、变体云纹、大小重圈纹或锥刺纹等。有的印纹深凹，近似凸雕。施釉用浸釉法，器物除外底无釉外其余部位均施釉，釉层厚而不匀，常见凝聚的釉斑。釉色较深，除青绿、青灰、青黄色外，并有一些酱褐色釉，有的已近似黑釉。装烧碗类时采用套装叠烧法，以粗沙粒、窑渣颗粒直至经过专门捏制成型的泥团形垫珠作为叠烧时器物之间的间隔物。因为火候掌握不准，烧变形、开裂、粘连或欠烧引起的生胎、胎釉结合差等现象较为常见。

3. 战国时期的窑址有南山、亭子桥、冯家山、鸡笼山等8处

南山窑址位于龙山乡东坡牧场东不远处的南山西坡，地表遗物分布约150平方米，坡下沟渠断面距表土0.5米处有一长约6米、厚1米的堆积层，其中包含红烧土块、窑炉烧结物以及碗、盘、豆、钵、瓿、罐等残器和窑具等。亭子桥窑址位于龙山乡龙胜村亭子桥侧的山坡上，现为耕地，因历年耕种，大量遗物散露于地表，面积约400平方米。遗物除与南山窑址相似的以外，另发现少量原始瓷甬钟残件与米字纹、麻布纹等印纹陶罐的残件。冯家山窑址位于洛舍乡砂村冯家山南坡，遗物分布面积约70平方米，遗物与南山窑址基本相同，另有原始青瓷与少量錞于残余件。这类窑址的产品，除碗、盘、

豆、盂等小件食器外，瓿、罐、钵洗等大件贮存器数量较多，器形多样。第二类窑址流行的直腹筒形碗此时已演变成造型外廓线条柔和的盅、碗。轮制技术又有了很大提高，器形规整。瓿小口丰肩，容量大，便于加盖封存，由于制作时不易一次拉坯成型，采用了上下分制后衔接的新工艺。碗、盅等装饰纹样以水波纹、弦纹为主。罐、瓿的肩腹部多见压印直条纹、云纹、刻划或戳印锯齿纹、C纹等。瓿多见堆贴铺兽或铺兽衔环，并从穿孔较小、堆贴位置较低向穿孔增大、堆贴位置高出器口发展。有的瓿，在完成成型、印纹、施釉等工序后，重新置于陶车上，在肩腹部出数道宽带纹，无釉露胎处因受二次氧化呈紫红色，成为一种新颖的装饰技法。由于装烧的需要，器物均为局部施釉，凡适合于叠烧的碗、盘、钵等的内外底不施釉，瓿、罐等容器施釉不及底，无釉处呈朱红色或紫褐色。釉层厚而不匀，聚釉、挂泪痕比较多见。釉色有青绿、青黄、酱褐色，黑釉与局部呈现的天蓝色窑变釉也存在一些。器物叠烧时用瓷土粉末作为间隔物，底部都粘有这种物质。

　　令人关注的是三处窑址都普遍发现了窑底垫座窑具。这说明，至少不晚于春秋早期，就已经初创了器物套装叠烧工艺，并用粗沙粒、窑碴、垫珠作器物之间的间隔物，从而把春秋战国之际富盛等窑采用垫珠叠烧的历史提前

南山窑址窑炉遗迹

了。我们可以这样推测：江浙等地西周土墩墓中常见的圈足豆，至春秋早期圈足退化，逐渐演变成碗，这种形制上的变化除实际使用的因素外，极可能与碗类更适合于套装叠烧的工艺有关。战国时期叠烧采用瓷土粉末作间隔，这对降低窑位、增加装烧量等有着积极意义。窑床垫窑具的发明和使用把以前发现汉代才使用这种窑具的历史提早到了战国，说明了战国时期窑炉及装烧技术有了很大提高。

德清窑是商周之际的古窑址，是浙江境内迄今被发现的最早的烧造原始青瓷的窑址。春秋战国之际古窑址的发现，证明了当时浙江不仅有绍兴、萧山、诸暨等位于越国都城周围的原始瓷、印纹陶生产中心，而且有其他生产中心。但德清窑址以生产原始青瓷为主，这与绍兴等地的窑址兼烧印纹陶的情况有一定的区别。战国早期以后的几处窑址，如研究浙江早期原始青瓷向秦汉时期高温釉陶的发展演变过程增添了一个环节。

第二节 两汉瓷器

两汉前后延续了近五百年，是中国历史上的一个重要时期，中国从青铜时代向铁器时代的过渡就是在这一时期完成的，同时也完成了奴隶社会向封建社会的最终过渡。从中国古陶瓷发展史来说，汉代是原始青瓷向成熟青瓷过渡的时期，至两晋，原始青瓷基本遭淘汰，完成了这一历史性的转变。

自从带有青釉的原始瓷在商代出现以后，至战国晚期，由于战乱，江浙一带的瓷器生产一度停顿。到了汉代，瓷器生产才得以复兴，并进入了一个新的历史发展时期。而到了东汉的晚期，瓷器的烧制技术日益进步，并在这一时期完成了由原始瓷器向成熟瓷器的过渡，中国出现了最早的胎体瓷化程度接近现代瓷器水平的瓷器，即青瓷，这可以看作是我国瓷器发展史上的一

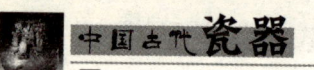

个重要里程碑。此时，一些地区生产的器物已经达到很高水平。

两汉时期原始青瓷的继续发展

由于战国中期以后各国之间战乱频繁，加上后来秦灭六国的战争，秦至西汉时期，特别是西汉初期的原始青瓷与战国早期差别很大。经过楚汉战争和与匈奴的长期战争，西汉的社会经济破坏严重，包括瓷器生产在内的手工业在艰难中缓慢发展。此外，西汉早期制瓷业并无飞跃发展，还与当时的社会背景有关。西汉初年的王公贵族仍然乐于使用精细的金银器或青铜制品，而一般劳苦大众则多用竹木器或陶器，因而对瓷器的需求不大，这就造成其发展的动力不是很大。

西汉原始瓷器与战国瓷器相比，在胎质原料方面有所不同。胎料中氧化铝和氧化铁的含量偏高，胎体加工简单，这就需要在较高温度中烧成。然而当时的窑炉尚未改进，从而导致汉初青瓷比不上战国青瓷，有的坯体没有烧结，大部分产品胎质疏松，气孔量大，吸水率高，呈灰色或深灰色，甚至有的只能算作釉陶。

秦汉时期原始瓷器的成型法，也改变了战国时拉坯成器、线割器底的做法，采用了器身和器底分别制作，用陶车手工拉坯，然后粘结成器的做法。这些明显的差异，说明了秦汉原始青瓷没有继承战国原始青瓷的工艺。而且秦汉时期原始青瓷产品的釉层较厚，胎釉含氧化铁量高，使釉色偏深，呈黄绿或青褐色，甚至呈现出酱黄、酱褐和黑褐色。这种黑褐色瓷器就是东汉发展起来的黑瓷的滥觞。秦汉瓷器还一改战国时的通体施釉法，转而仅在器物内壁施一层薄釉，外壁只在口沿、肩、内底等处局部上釉，腹中部和下部仍然露胎；改浸釉法为刷釉法。

西汉时期的原始瓷器，器形上多仿用铜礼器如鼎、盒、壶、罐、钟、敦、瓿等，日用器皿不多，很少发现战国时盛行的碗、钵、盘等实用饮食器。西汉中期，仿青铜礼器的青瓷日渐减少，实用器增多。西汉晚

西汉青釉原始瓷划花双系罐

期，鼎、盒一类制品渐趋消失，壶、瓿、罐、钫、樽、洗、盆、勺等数量剧增，已经不见仿青铜礼器；一些比较粗犷的牛、马，以及屋院等随葬品明器也有出现。

西汉瓷器装饰也较繁多，主要为在肩部刻划的两条阴弦纹构成的装饰区间内刻划弦纹、水波纹、云气纹、卷草纹、人字纹等。人面纹和叶脉纹也是这一时期典型的装饰。有的粘贴细细的泥条，压成凸弦纹，或在流动的云气之间刻划神兽、飞鸟，动感强烈，很有气势。

随着社会经济形势的发展，西汉时期原始瓷器的制作也日趋繁盛，到西汉中晚期以后，那些既有艺术装饰而又具实用价值的原始瓷制品在很多地方非常流行，除了在浙江和江苏一带集中出现外，在江西、两湖、陕西、河南、安徽等地的墓葬中也有发现，表明它已成为当时人们所乐用的制品，并被作为一种畅销的新颖商品而远销外地。

知识链接

瓷器的成型方法

瓷器的成型方法一般有两种，一种是手拉坯泥成型，即用陶车制作；还有一种就是现在工业制瓷使用的方法——注浆成型法。

注浆成型时把调好的泥浆注入石膏模内，停留片刻。待吸水性能极强的石膏将泥浆吸附在石膏模的内壁上达到一定厚度，倾倒出模内多余的泥浆。由于成型室内的高温度的三十几度，且又干燥，所以很快能就在石膏模内形成瓷器的坯体。打开石膏模，就得到了瓷坯。

到了东汉，瓷器手工业发展很快，而原始青瓷逐渐消失。东汉原始青瓷与春秋、战国、秦、西汉原始青瓷相比，质量有很大提高。

在东汉时期，陶车拉坯成型完全替代了泥条盘筑法，这使得瓷坯制作更加精细。而且主要采用快轮拉坯做成器身，再粘结器底而成，因而器形变得更加规整。有些如钟、壶等，成型之后又进行修坯，使得表面平整光滑。东汉时期除与秦、西汉时相同的胎料外，还出现了暗红、紫红、红褐色胎色，胎骨坚硬而致密，敲击出声清脆。

东汉原始青瓷的品种变化较大。西汉时期常见的仿青铜器造型的青瓷逐渐消失，曾一度广泛流行的瓿和钫等器类，此时已不再生产，而罐、壶、瓶、碗、盆、盘、洗等日常生活用器的烧造量则在急速增长。

盘口壶是东汉时期最为常见的原始青瓷器物。这是东汉时期所盛行的一种原始瓷制品，它的口颈较高，口内的盘面很小，球腹，平底，显然是由西汉时期流行的喇叭口壶演变而来。西汉时有的喇叭口壶已在口颈交接处做出一条棱线，到东汉前期棱线更加突出，口颈斜直，初具盘口的样子；东汉中期以后，盘口变得更为明显，变成了盘口壶。

除盘口壶以外，其他的器物还有罐、盘和碗。罐多数呈短直口，平唇，肩安双系，上腹鼓出，下部斜收成平底。盘大都直口斜壁，浅腹大底，而且往往与耳杯相配，可能是托盘一类的器具。碗弧壁平底，腹部较深，容量较大。这些饮食器皿和容器的造型表明，当时原始瓷器的制作已转向经济实用。又如此时新出现的品种之一的提盆，束口、鼓腹、平底，盆体宽大而稍扁，口沿安有粗壮的弯曲提手，是一种提携方便的盥洗器。此外较常见的还有镂孔熏炉、钟、罐等。

东汉时期还新出现了一些造型奇特的原始青瓷器形，如五联罐。此类罐主体是一个侈口直颈罐，颈部较长，在肩部四周粘接4个同样的小罐。再如人形灯，高47.8厘米，灯碗成浅盘形，灯座塑成巨人形象，人的眼、鼻都被刻划出来，口部被刻成方形孔，胸前抱一硕大老鼠，人的肩、手和腿上均攀爬许多老鼠，背面釉下刻"吉祥"二字。

东汉原始青瓷的装饰，主要是一些工艺简单的刻划水波纹、弦纹，香

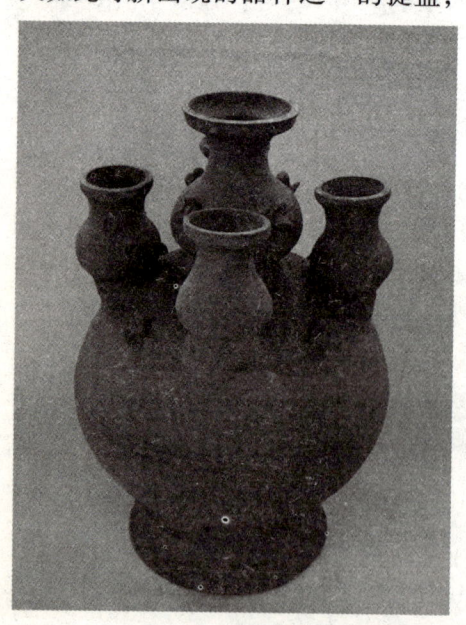

东汉原始青瓷五联罐八鸟瓶

熏上镂刻三角纹，壶类器物的肩部粘贴铺首，五联罐上有的贴塑猴子和爬虫等。

进入东汉中期以后，原始青瓷的上釉方法更为先进，改刷釉法为浸釉法，器体大半施釉，只是近底处无釉，釉层增厚，胎釉结合大有改进，很少见脱釉现象，有的釉色很深，有人称为"酱色釉陶"。

从一些出土器物判断，东汉中期的原始青瓷已经将要摆脱原始的状态，而迈入成熟的青瓷阶段。比如浙江出土的标本胎体透光性增强，已完全烧结，显气孔率和吸水率降低，分别为0.62%和0.28%，烧成温度已达到1 260℃ ~ 1 310℃，抗弯强度达每平方厘米710千克。通体施玻璃质釉，釉层明显加厚，有较强的光泽，透明度增强，胎釉结合紧密牢固，胎釉交界处可看到相当多的斜长石晶体自胎向釉生成并形成一个密合层，使釉层更加牢固。

成熟瓷器的时代已经呼之欲出了！

东汉真正瓷器的诞生

经过检测证明，东汉晚期出土的随葬瓷器质量很高，多数产品具有瓷器光泽好、胎釉结合紧密、瓷胎硬度强、吸水率低的特点，说明这些器物具备了成熟瓷器所有的物理特征。因此，大多数学者认为：成熟的瓷器出现于东汉晚期，这一时期完成了由原始瓷向近代瓷器的过渡，是我国瓷器发展史上的一个重要里程碑。

1. 东汉青瓷

东汉青瓷刚刚从原始瓷中脱胎出来，从原始瓷刚踏入成熟的门槛，尚未形成自己独特的风格，在造型和装饰风格等方面受前期样式的影响还很大：胎土是就地取材，器形和装饰风格也源于原始青瓷。

东汉晚期瓷制作精细，胎体坚硬、致密、细薄而不吸水，胎体多为灰白色或淡青灰色，瓷化程度高，敲击声音清脆。胎体外面罩施一层釉，釉层明显比原始瓷器增厚，釉面光洁、顺滑，有较强的光泽度，釉面淡雅清澈，胎釉结合紧密牢固、不脱落，仅个别有剥釉、积釉现象；釉色青绿，也有些为青黄，但釉面匀净。

东汉晚期瓷器的主要器形有：碗、盘、盂、钵、罐、壶、盆、洗、瓿、

东汉白瓷碗

唾壶及少量的瓷砚。罐多直口，肩腹之间有双系、四系或六系。纹饰以光素为主，有的瓷器的口、颈、肩、腹有划或印的弦纹、水波纹、麻布纹、网纹、方格纹等。壶、洗、盆、罐等常贴铺首纹等。罐、罍等器物，外壁往往拍印麻布纹、网纹、方格纹、三角纹等，与印纹陶的装饰纹样相似。

湖北当阳刘家塚子东汉墓出土的一件黑釉四系罐，肩部有一周莲瓣纹装饰，这是迄今为止发现最早的以莲瓣纹装饰的瓷器，它说明佛教在中国有着深入的影响。

另外，浙江鄞县发现的底部刻有隶书"王尊"二字的东汉青瓷弦纹壶，是已知最早的带有人名款的瓷器。

由于瓷土中含较多的铁，受当时技术条件限制，尽管淘洗很仔细，仍残留一部分，因此当时一般瓷器的胎中都含有2%以下的铁成分。原始瓷器的釉是含钙的石灰釉，以铁为着色剂。入窑烧造时空气流动，进氧很多，形成氧化焰，釉中的铁遇到空气中的氧，烧出来呈黄绿色；如果不让空气进入窑内，则窑中产生还原焰，烧出来的瓷器就是青绿色。

但是，东汉青瓷毕竟处在瓷器的初期，还没进入完全成熟期。因此还比较粗糙，泥料的选择、坯泥的捏练也都欠精巧，在显微镜下能看到层状长方形小孔，气泡明显，还残存少量的云母残骸和杂质。湖南地区东汉墓里出土的一些青瓷、浅灰胎，釉层薄而均匀，釉色很淡，说明青釉如果减少含铁量，以弱还原焰焙烧，其釉色可以很浅淡；如果以氧化焰焙烧，即有烧出白瓷的可能性。在造型和装饰风格等方面也尚未形成自己特有的风格，还带有前期样式的烙印。

2. 最初的黑瓷与白瓷

如果釉中的含铁量再高，达到3%，就会烧出褐色釉瓷器。如果将这种含铁量高的釉涂厚一点，或将釉中的含铁量提高到4%～5%，这时烧出的瓷器就是黑瓷了。东汉晚期就目前来看出现了我国最早的黑瓷。考古工作者在浙江的上虞、宁波等地的东汉窑址中都发现有黑瓷。此外，在安徽亳州"建宁三年（170年）"墓中出土的黑釉瓷也证明了这一点。据测试：出土黑釉瓷标本的制胎原料是一种烧结度较低的瓷土，烧成温度为1 200℃左右，胎料中含

东汉白瓷罐

三氧化二铁为2.3%~2.8%，胎呈灰黑色。

黑瓷的常见器物有壶、罐、罍、碗及洗，造型与纹饰大体与同时代的青瓷相仿。

不过总的来说，东汉黑瓷修胎尚不如青瓷规整细腻，釉层薄厚不均匀，而造型、纹饰等基本相同。但是，从另一个方面来看由于黑瓷用料不讲究，工艺又不复杂，制作成本低，因而得以迅速发展。

此外，湖南长沙和安徽合肥等地东汉墓还发现有白釉瓷器，虽然较为粗率，釉色泛青，只是处于白瓷的萌芽阶段，但说明我国在公元3世纪前已开始了白瓷的烧制。这之后出现的美丽的彩瓷就是以白瓷的烧制为基础的。

3. 东汉瓷窑

东汉瓷业大的发展，还表现在当时东南一带窑场密布。

东汉瓷窑遗址最先是在浙江上虞县上浦乡的小仙坛发现的。小仙坛出土的青瓷罍残片，所含杂质如铁、钛等是各时期越窑瓷器中含量较少的，烧成温度达1310℃，瓷胎已烧结，不吸水，胎体致密坚硬，撞击时作金属声。胎中显气孔率为0.26%，吸水率为0.28%。胎体透光性良好，0.8毫米的薄片已可微透光，釉层透明有光泽，无剥釉现象，已经达到近代瓷器的标准。上虞县帐子山窑东汉黑瓷经过检测，证明烧制已达到相当高的水平，已是现代意义的瓷器。

当然，东汉时的烧瓷窑业在其他地区也有分布。考古工作者从浙江东北部的上虞、宁波一直到南部的永嘉地区都发现了瓷窑遗址，且仅在上虞一县就发现了汉代瓷窑7处。这些都充分说明：东汉时期的瓷业已有相当的规模，且浙江早在汉代就已经是瓷器的主要产地。上述地区的产品在浙江、江苏、河南、河北、安徽、湖南、湖北等地的汉代晚期墓葬中都有发现，说明产量较多，销售地域也非常广泛。

以德清窑为例。考古工作者在今浙江德清县三合乡宝塔山村青山坞内发现了一处东汉窑址。该遗址地面标本散落区域东西长60米，南北长50米，总分布面积约3000平方米，尚保留龙窑遗迹，堆积中包含大量的残器、窑具和红烧土。2010年，考古工作者曾对该窑址进行过试掘，采集的遗物主要有瓷器和原始瓷器两类。两者造型纹饰基本一致，瓷器质地坚致、胎釉结合严密，胎色呈青灰色、灰白色，釉色有青、青黄、青绿，以及少量的酱褐釉、

第一章 先秦两汉魏晋南北朝瓷器

浙江奉化发现的东汉窑址

黑釉。原始瓷胎的烧结程度差、釉层脱落，与瓷器差距较大。两者比例约为瓷器占30％，原始瓷占70％。器形主要有罍、壶、罐、钟、碗等，纹饰多种多样，如水波纹、弦纹、网纹、方格填圈纹、菱形纹、窗棂纹、窗帘纹、蝶形纹、指甲纹、梳齿纹等。

东汉瓷器在浙江地区率先烧成，一方面是由于该地区制陶技术较多，另一方面也是因为该地区蕴藏着一种极为丰富的含有石英、高岭、绢云母类型风化岩石矿物的瓷土资源。除此以外，烧窑工艺也是其中至关重要的技术环节。因此，瓷器在浙江地区的最初形成，从本质上还有赖于当地烧窑工艺的出类拔萃。

上述东汉窑址的遗存物中不仅有青瓷，还有黑瓷。

制造青瓷还要恰当地掌握还原气氛，才能烧成翠青色釉。到了东汉时期，上虞窑场已解决了原料选用问题，龙窑的出现又为提高烧成温度创造了条件。所以，部分原始青瓷的窑址中，已经发现了成熟青瓷。如上虞联江大湖岙的窑址中，有原始青瓷和青瓷残片堆积在一起，是原始瓷与青瓷同窑合烧的。在大湖岙附近的石浦小仙坛瓷窑遗址，专家选取了3个瓷片进行了吸水率测

63

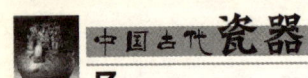

定。其釉层厚度均在 0.2mm 以上，釉呈淡青色，釉面无裂纹；胎以含铁量 2% 以下的瓷石为原料；烧成温度在 1 250℃ 以上，瓷化良好，胎质较白，细腻致密，胎的薄片微透光，胎釉结合牢。吸水率分别为 0.5%、0.26% 和 0.16%，已基本上可以称作现代瓷器。

通过控制增加或减少入窑的空气量来控制烧成气氛。青瓷在烧成时的火焰性质，取决于产品胎釉的还原比值。还原比值越大，气氛的还原能力越强；反之，还原能力越弱，釉内还原比值低于 0.3 时，气氛性质逐渐由还原转向氧化，0.2 以下时即成强氧化性质。据中国科学院硅酸盐研究所分析，东汉上虞越窑瓷胎内 FeO 含量 1.26%，Fe_2O_3 含量 0.30%，它的还原比值为 4.2，是在较强还原气氛中烧成的，还原比值大于殷代釉陶 15 倍，证明已能较为成功地控制烧成气氛。

总之，东汉青瓷是由原始青瓷发展而来的，是在原料粉碎和成型工具的改革、胎釉配制方式的改进、窑炉结构的进步、烧成技术的提高等条件下获得的，制瓷工艺有显著提高，为此后三国、两晋、南北朝瓷业的发展创造了有利的条件。

知识链接

何为练泥？

即对泥料进一步加工的工序。把经过淘洗压滤的泥料反复翻打，切成小块反复堆积敲打踏练。练泥可使泥料致密均匀，提高其致密性、可塑性，并改善其成型性能。

第三节
魏晋南北朝瓷器

三国两晋南北朝是中国历史上的一个大动荡时期。期间又夹着一段五胡十六国的历史，致使战乱频频。从东汉末年开始，群雄逐鹿，中原地方连年征战，地方残破，北方老百姓一直生活在动荡不安当中。其中部分人携家渡江以避难。这些来自北方的移民之中不乏有富商大贾，他们由北方来到江南的同时，带来了生产技术与文化，为当时贫困的江南带来新生力量。特别是先进生产技术的注入，使江南的农业生产技术逐渐提高，人口亦因此渐渐增加，一改过去地广人稀的境况，逐渐成为安定而又富饶的地方。

这一时期，我国的农业及手工业生产遭到很大打击，陶瓷业的发展也止步不前。但这一时期却是我国瓷器成熟后的第一个重要起步阶段。中国瓷器肇始于青釉瓷，魏晋南北朝也仍为青瓷的天下，青瓷约占整个六朝瓷器的90%，可分为生活器具和明器两大类。这期间，制瓷工匠们对胎釉原料的选用、成型、施釉方法及窑炉结构和装烧技术等方面进行了一系列的改进和革新，使瓷器的生产由初级阶段发展到了高级阶段。

三国时期青瓷筒

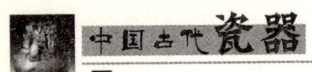

同时，这一时期南北制瓷业的发展也有很大差异。因东南一带未遭大规模的破坏，因此制瓷业的发展的发展相对较好，而且中原地区大批人员纷纷南下，其中不乏陶瓷业技工。所以南方的瓷器制造，已经成为一项重要的手工业。当时南方以浙江早期越窑为中心，继承并发展了东汉青瓷的成就，不仅仍在持续生产，甚至还烧制出了一些精彩的产品，这些青瓷习惯上被称为"六朝青瓷"。考古发现的六朝青瓷，大多出自窑址所在地及其附近的墓葬中。长江下游沿岸也是六朝瓷器的重要分布区，特别是六朝都城建康（今南京）及其沿江西上的马鞍山、芜湖和东下的扬州、镇江一线。根据器形、装饰纹样、釉质色泽以及坯体等特点，可分为孙吴、西晋、东晋、南朝四个发展阶段。北方则由于连年战乱的影响，瓷器生产一度停顿，直到6世纪初期的墓葬中才有随葬青瓷发现，但晚期的墓葬中却出现了白瓷，并为后代所继承。

此外，这一时期，南北各民族的融合，佛教艺术的勃兴，对陶瓷艺术风格的多样化都产生了重要影响。

三国瓷器

三国时期的青瓷烧造，主要分布在我国南方地区，江苏、浙江、江西、湖南、湖北、四川等地都相继建造瓷窑，分别烧造具有地方特色的瓷器。其中主要是孙吴控制下的江东青瓷烧造。尤其是今浙江地区，窑场广布，瓷业得到空前的发展。三国时期的南方瓷窑普遍采用龙窑烧造，龙窑的优点很多，如容积大、热效率高、燃料省、造价低等，这使当时的瓷器产量、质量都有所提高。

青瓷从东汉晚期产生，到三国时期，还是一种兴起不久的新产品，多保留东汉瓷的特点。当时的制瓷工艺技术的特点主要表现在如下方面：

首先是瓷胎原料都用当地瓷土，胎质坚硬细腻，胎色呈浅灰色，与东汉晚期相似。不同的是此时时期坯料配置水平有所提高，已经可以根据不同产品配制成分不同的坯料，从而得到色泽不同的胎体。在成型工艺上，圆器基本上用轮制拉坯成型，能做到器形规整，胎体厚薄一致。其次是窑炉结构进一步改进以及使用窑具，提高了烧成技术。龙窑向长、窄方向发展，两旁添投柴孔，提高了烧成温度，有的可达到1 300℃。所用的窑具有垫具、间隔具、匣钵，提高了窑炉装烧量，进而提高了瓷器的质量。第三是釉料仍然使用石灰釉，釉色呈淡青色，透明度较高，富有光泽。施釉用浸釉法。釉层厚而均匀；烧成温度掌控得当，无流釉或剥落现象。同时又能根据需要来控制含铁量，生产出色泽不同的褐彩瓷器，如在色较深的青釉上用深褐色点、线彩绘，或在胎体上用褐黑彩绘纹饰，再罩上色浅的青黄釉。装饰方面也主要承袭了汉代特征，但能采用化妆土来美化瓷器，使表面凹点等得到掩饰、胎体的杂色被覆盖，从而使釉色更加鲜明、饱满。最后，纹饰较多吸取了汉代陶器、铜器、漆器的图案花纹，装饰纹样有弦纹、水波纹、铺首及兽足。器表装饰成型手法多样，有模印、镂雕、捏塑、堆贴等多种手法成型。其中模印纹还有斜方格回纹、斜方格井字纹等区别。

三国时常见的器形有：碗、盘、碟、双耳或四耳罐、双沿罐、盒、洗子、双耳或四耳盘口壶、钵、盆、水盂、虎子、唾壶、槅、耳杯、格、油灯、香熏、水注、鸡头壶、羊形器等；此外，还有殉葬用的模型明器，如房屋、灶、碓、鸡笼、犬、羊形尊、猪圈、狗圈、堆塑谷仓罐等。三国时期的瓷器罐、壶类等琢器器体不断加高，上腹收小，下腹和底相应扩大，重心向下。碗等圆器都是拉坯成型，胎壁厚薄一致。

三国时期青瓷熊灯

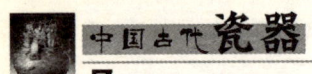

这一时期出现了一种奇特的明器,那就是瓷质谷仓罐,也称"魂瓶"或"神亭"。它是由东汉的五联罐发展而来的,但制作精细、堆塑繁杂,有人物、飞禽、走兽、亭台等,以体现吃饭的重要性。

此时的瓷器以越窑瓷器为代表。

越窑是浙江境内著名的古代窑址,分布于浙江绍兴、上虞等地。这一地区的窑场自东汉晚期烧制成青瓷,以迄宋朝,共延续了一千多年。其青瓷烧造从未间断。

越窑之名,最早见于唐代。陆羽《茶经》中说:"碗,越州上,鼎州次,婺州次……越瓷类玉……越州瓷、岳州瓷皆青,青则益茶。"

三国时期越窑青瓷的主要特征是:

胎质坚硬细腻,上等胎骨多呈淡灰色,少数烧成温度不足的,呈淡淡的土黄色。

釉色纯净,以淡青色为主;釉层均匀,胎釉结合牢固,极少有流釉或釉层剥落现象。釉面青亮光润,说明当时的工匠对还原气氛的掌握已达到了熟练的熟度。

器形与前代相比,品种繁多,样式新颖。常见器物有碗、碟、罐、壶、洗盆、钵、盒、盘、耳杯、香炉、唾壶、虎子、水盂等日用瓷器,以及谯斗、火盆、鬼灶、鸡笼、狗圈、谷仓、碓、磨、米筛等明器。

瓷器的造型和装饰基本上是延自汉代的,同时较多地吸取了陶器、铜器和漆器等的形式和图案花纹。早期纹饰简朴,种类较少,主要是弦纹、水波纹、耳面印叶脉纹、铺首等;拍印、贴塑、模印、雕刻等传统装饰继续保留,还出现了堆塑方法。晚期装饰比较复杂,出现了方格网纹,并在器身上堆塑人物、飞鸟、亭阙、走兽、佛像等,装饰逐渐繁复。

南京及其附近出土的东吴越窑青瓷器,造型大多优美雅观。例如,1955年南京光华门外赵士岗4号墓出土的"赤乌十四年"青瓷虎子,1958年南京清凉山出土的"甘露元年五月造"的青瓷羊尊和青瓷熊灯,1974年南京甘家巷建衡二年墓出土的双系罐和双系、四系盘口壶,1962年溧阳东王公社凤凰元年墓出土的一组青瓷明器(仓、灶、水盂、谯斗、提篮等),1955年南京光华门外赵士岗凤凰二年墓出土的蛙形水盂,1973年金坛白塔天玺元年墓出土的堆塑楼台谷仓罐等等,都是越窑精品,这些都充分展示了东吴时期青瓷制作的精湛艺术水平。

知识链接

制坯

制坯是指根据需要，将原料制作成各种不同类型的坯胎，如碗、盘、壶、瓶、杯、缸等各种器皿的坯件。其工艺环节有拉坯、利坯、挖足等。拉坯是制作瓷器坯胎的成型环节。利坯是对粗坯进行修整，使坯件表面光洁、厚薄均匀。挖足是指挖出瓷器器皿坯件的底足，如碗底、瓶底的圈足等。

三国时期南方生产青瓷的主要窑口还有：

（1）瓯窑。瓯窑在浙江温州，自汉代就开始烧制原始青瓷。其在三国时期烧制的青瓷器的主要特征是：

胎质较白，但白中略带灰色，胎质略显粗糙，坯体没能完全烧结。

釉色大多淡青，透明度较高，也有少量青黄色和青绿色。

器形与越窑大致相同。但基本不生产三足洗、狮形烛台、蛙形水盂、槅等一类日用器和文具，也基本不生产用于随葬的明器。

纹饰多为弦纹。

（2）婺州窑。婺州窑位于浙江的金华地区，是浙江境内仅次于越窑的著名古窑。金华地区秦汉时属会稽郡，孙吴宝鼎元年（266年）分置会稽郡、东阳郡，郡治设在金华山之阳，激水之东，故名东阳。隋平陈，结束了南北分裂，将会稽、东阳改置吴州，开皇九年又分吴州置婺州。炀帝初改婺州为东阳郡，直至唐高祖武德四年（621年）改东阳郡为婺州，隶越州。后来以隋唐所属，定名为婺州窑。婺州窑在三国时期创烧，其所造青瓷器具有以下特征：

胎质普遍呈浅灰色，断面比较粗糙，瓷土处理不细，而且没完全烧结，

三国婺州窑青瓷

玻化程度较差。

　　釉色一般为淡青色，少许为青灰色或青中泛黄；釉层厚薄不一致，常凝聚成芝麻点状；釉面密布冰裂纹，在釉层开裂处和胎釉结合不紧密处，往往有奶白色的结晶体析出，这是婺州窑青瓷特有的一种现象。

　　器形以盘口壶、碗、碟、罐、水盂等日用器物为主，有少量猪圈、鸡笼、水井、谷仓等明器。独具特色的器物是人形五联罐、三圆柱形足水盂。

　　除了江浙地区以外，长江中游的江西、两湖和四川地区，大约也在三国时期也开始设窑制瓷。南昌市郊的吴永安六年墓、吴高荣墓、武昌莲溪寺吴永安五年墓、鄂城吴孙将军墓随葬的青瓷器为此提供了实物证明。这四座东吴墓随葬的青瓷器，胎质、釉色、器形基本相同。属于越窑青瓷系统的一个分支。胎呈浅灰色，釉色分豆青和蟹壳青两种。豆青釉薄匀润，不脱落；蟹壳青釉不甚均匀，呈蜡泪状，有脱落现象。釉不及底，有些壶、罐表面印麻布纹。主要器形有罐、壶、钵、碗、碟、盅、盘、案、槅、耳杯、香薰等日用器和院落、房屋、仓、灶、碓、磨、臼、牛车、禽畜及禽畜圈舍等模型器。造型、胎釉与浙江越窑青瓷均略有差异。值得注意的是，安徽马鞍山孙吴朱然墓和佳山吴墓，墓中随葬的部分青瓷器竟与这四座墓出土的同类青瓷器完全相同。这表明三国时期青瓷器在江西，湖北地区已有烧制，青瓷器还作为商品远销到长江下游。

两晋瓷器

西晋时期的青瓷，在工艺技术、器形种类以及装饰变化等方面，较之三国时期的青瓷，在烧造技术上进步不小，其主要特征是：

胎质的质地比较细腻，通常为褐色胎或灰白胎，胎色较深。烧成后瓷化程度相对较高，器身厚重沉实。施釉工艺正处在转变期，故有的产品釉水润泽细密，但有的产品釉水却稀薄干涩。釉色多为青色，色调稳定，而且有透视感；依然使用石灰釉，仍未能完全妥善地处理去掉釉料中所含的铁元素，但已掌握了釉中氧化铁的恰当比例，并基本控制了还原焰的烧成气氛，故此釉面仍以青黄色或黑色为主。

西晋瓷器的器形的种类比之前大小增加，除三国时原有的器形之外，新出了不少器形，日用器如鸡头、羊头、虎头双耳罐，筒形罐，鹰形盘口壶，

西晋青瓷狮形烛台

人形、熊头、兔头水注、辟邪水注，方形或圆形扁壶，圈足唾壶，兽形尊，三足盘，水盂，盥盆，瓷俑，多子榼，镂空香熏等；明器中新出现犀牛形镇墓兽、男女俑、尖头形灶、猪舍、狗舍等。这些新器形，有的造型直接采用动物形象，有的用动物形象作装饰。西晋时中国俑由陶塑向瓷塑的过渡时期。西晋青瓷俑无论人物造型、服饰还是各种用品，都是那个时代社会生活各个方面的真实写照，从一个侧面反映了制瓷工艺正在走向成熟。

从三国时代开始兴起的明器，在此时已经发展成熟，并形成了完整的套系组合，主要反映了士族门阀大地主庄园经济生活，大致有四种类型：第一种是镇墓兽、武士俑的组合。墓中摆放武士俑、镇墓兽，其用意显然是以刚烈勇武的武士和凶猛的神兽来护卫墓主，这种意念客观上反映了当时烽火硝烟的社会现实。第二种是取代兵马俑的小型仪仗俑群，这种小型仪仗俑群，多见于晋，其组合包括牛车、鞍马及车夫俑，有的还有乐队和骑卫乐队随行。第三种是庖厨俑，其组合包括厨夫俑、鸡、鸭、狗、猪等家禽、家畜俑。第四种是各种伎乐俑、侍从俑，它反映了封建统治者的奢侈欲望。

纹饰装饰普遍使用各种印、划或堆贴花纹，通常在器物的口沿或肩腹部模印成一圈饰带，弦纹、细小的斜方格网纹、井字菱形纹、连珠纹、禽兽纹等纹饰较为流行。在盆、钵、洗上流行用竹刀刻划海星纹和水波纹。器物上还常常堆贴铺首等立体纹饰，常与网纹、连珠纹带结合在一起，使之具有多层次的艺术效果。明器中谷仓罐的装饰更为突出。在谷仓罐肩部以上，堆塑了各种形象的奴仆、卫士、阙楼馆阁、长廊列舍、龟趺碑等复杂的内容。西晋晚期出现了在青釉上点染酱褐色斑纹的做法，打破了青瓷单色釉的传统作风，丰富了釉的装饰效果。西晋的工匠们还比较注意产品的外观，运用了多种手段来美化其产品，有的器物直到今天仍有很高的美学价值。佛教的东传对西晋的青瓷影响较大，出现了佛造像、忍冬纹等佛教艺术的因子。

东晋的青瓷与西晋的情况基本相同，瓷器的胎釉与西晋相似，但在造型和装饰上却大不一样。这主要是因为东晋时期青瓷生产开始进入普及阶段，故而瓷器造型趋向简朴、实用，模型明器明显衰落；装饰大大减少，趋于简朴。而且，东晋时广泛使用的褐色点彩装饰打破了单一的青釉，使之更加活泼。用褐彩在器物表面上书写文字则更是这一时期褐彩装饰的一大特色，这

东晋时期青瓷双耳罐

种装饰手法在后来的唐、五代时期大为盛行。

东晋常见的瓷器种类有罐、壶、盘、碗、钵、盆、洗、灯、砚、水盂、香熏、唾壶、虎子和羊形烛台。饮食器皿大都大小配套。值得注意的是，东晋时也有一些动物形象的尊、砚滴等，但已不是西晋时的写实样子，只是水盂上塑出蛙首及四肢或干脆简单地划上几笔。实用器中还出现了配套餐具，如大小配套的碗、碟，且不同口径的碗多达十余种，碟也有四五种。浙江东部窑场生产的各种青瓷羊、青釉辟邪和兽型虎子等瓷塑，其造型工艺及装饰艺术都已达到一定的高度。

东晋瓷器在釉色上比以前有显著提高，"瓷"的特点更加鲜明。最为突出的是青翠如玉的釉质。此时制瓷如东晋浙江德清窑的黑釉器，浅灰胎或褐红胎，黑釉滋润凝厚而显得十分饱满，釉色漆黑亮泽，器形简单生动，折转处圆润流畅，非常耐看。

知识链接

入窑装烧

　　入窑装烧是瓷器制作的最后一道工序。其关键是控制火候，这对烧制方法和炉窑的结构有很高的要求。

　　在我国的瓷器生产中，常见的装烧方法有仰烧、覆烧、叠烧、素烧等。炉窑形式则有龙窑、馒头窑、阶级窑、蛋形窑等。

　　所谓仰烧是指在匣钵内放置垫饼或耐高温的细砂，再将瓷胎置于其上焙烧。叠烧是指将多件瓷胎叠在一起装烧，瓷胎间用其他物体间隔开，它的优点是成本低，产量高。覆烧是将碗、盘之类的瓷胎反向扣置在各种式样的支圈和支垫内，堆叠烧制，这样可以避免瓷器变形。这种方法的缺点是碗、盘的口部边沿的釉要削去，烧成的瓷器口部无釉，形成所谓的"芒口"。

　　东晋青瓷改变了早期的繁缛装饰，光素无纹器很多，有纹饰的器皿也仅饰以几道简单的凸弦纹或褐色彩斑，只有少数器物上仍可见到梳蓖水波纹。东晋晚期，盘碗类器物开始装饰简单的刻划莲瓣纹。南京大学北园东晋墓出土的茶黄釉钵，外壁刻划简单削瘦的莲瓣十七瓣。镇江阳彭山出土的莲瓣纹碗，每个花瓣由数条极细的划线组成。以上两处墓葬出土的刻莲瓣纹器物与浙江萧山县上董窑遗址的盘碗残片非常相似。从现有资料看，东晋青瓷中饰有莲瓣纹的器物数量有限，品种也较少。一般碗类多装饰在外壁，盘类则装饰在内心。装饰技法并不复杂，多属划花、刻花之类。

　　另外，此时中国文字史上第一次出现了"瓷"字，这可见于晋代吕忱的《字林》和一些文学作品中。如晋人潘岳在《笙赋》中就写道："倾缥瓷以酌酃。"据考古调查：缥瓷的窑址在今浙江温州地区，称为瓯窑，晋人杜毓《荈赋》中就有"器择陶拣，出自东瓯"之说。"瓷"字的出现说明晋代瓷器已大量生产，并受到人们普遍的喜爱。

第一章　先秦两汉魏晋南北朝瓷器

东晋时期青瓷洗

两晋时代南方的瓷窑也有进一步发展。

西晋时期的瓷器仍以越窑为代表。这时越窑瓷业大量增加，瓷业渐渐繁荣。但所制青瓷胎体比三国时的略显厚重，且胎色较深，通常为褐色胎或灰白胎，瓷化程度相对较高、器身沉实。釉层厚润均匀，釉色以青灰为主，装饰精致繁复，用刻划、堆塑等装饰手法，西晋后期出现了不规则的褐色斑点，即所谓褐色加彩的装饰手法，到东晋时普遍使用。一般是有规律地点在器物的口沿、器盖，或者兽眼、鸡冠、羊角等部位上。烧制器物仍以日用品和随葬用品为主，熏炉是这一时期占有重要地位。

在青瓷器上刻写年号、产地和制作者的姓名，也是东吴西晋越窑青瓷器的一大特点。例如上述南京赵士岗东吴虎子，腹部刻"赤乌十四年会稽上虞师表宜作"，江苏金坛西晋墓出土扁壶上刻"紫（此）是会稽上虞范休可作坤者也"。绍兴、余姚、平阳发掘的西晋墓，以及吴县狮子山西晋傅氏家族墓，墓内随葬的堆塑楼台谷仓罐上，往往在楼台下方的龟趺碑上分行刻写

75

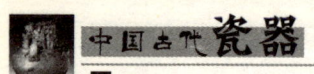

"元康×年×月造，会稽""出始宁，用此丧葬宜子孙作吏高迁众无极"等字样。这说明上虞一带是当时青瓷器的非常重要产地，同时反映了生产青瓷器的商品性质。

东晋中期以后，越窑青瓷多为日常用具，如烛台、灯、盆、钵、盘、碗、壶、砚等，造型简朴自然，装饰简练，纹样以弦纹为主。在东晋晚期出现的莲瓣纹，在南朝时成为越窑青瓷的主要纹饰。器物上装饰有小而密集的褐彩。胎、釉分为两种。一种胎质致密，胎呈灰色，施青釉；另一种胎质粗松，呈土黄色，外施青黄釉或黄釉。

婺州窑在两晋时代也出现了一些变化。由于金华地区的土层为粉砂岩地带，瓷土散，而且矿层很小很薄，不易开采。因此在西晋晚期，婺州窑的手工业者就创造性地用当地很常见的并具有很好可塑性的红色黏土做坯料。但黏土中氧化铁和氧化钛的含量都较高，烧成后胎呈深紫色，影响青釉的呈色，所以就在胎的外表涂上一层质地细腻的白色化妆土，以掩胎色。由于胎外有化妆土衬托，所以釉层滋润柔和，釉色在青灰或青黄中泛出点褐色，但釉面开裂和析晶的情况较用瓷土做胎的瓷器更加严重。

德清窑在两晋时代也有进一步的发展。其中代表性窑址为小马山窑址，位于德清县乾元镇南门小马山上，1959年由浙江省文管会首次发现。1995年德清县博物馆配合基本建设对该窑址进行了抢救性考古清理，探知，小马山窑址主要烧造青瓷和黑瓷两种产品，出土器物以青釉瓷器占大部分，黑釉瓷器仅占其中一小部分。器形有鸡首壶、盘口壶、碗、罐、三足砚、盘等，胎质一般较粗疏，夹杂有较多细砂，胎色较深，施釉不及底。青釉均施化妆土，釉面光洁，釉色厚重，常见点彩装饰。黑釉不施化妆土，釉层厚，釉厚处呈黑色。

西晋时期，长江中游烧造的青瓷器数量比之前增加很快。从墓中随葬的陶瓷器比例看：江西瑞昌马头西晋墓随葬青瓷器66件，陶器仅6件；湖北黄陂滠口吴末晋初墓随葬青瓷器73件，陶器7件；益阳、长沙较大的西晋墓，几乎全部用青瓷器随葬。一般造型规整，釉色莹润，装饰华美，有捺印、贴花、加彩和透雕，并开始出现褐釉点彩的新工艺。缺点是釉胎仍结合不好，吸水率和气孔率都较高。进入东晋南朝时期，这里与长江下游一样，青瓷制品转入以日用器皿为主，明器少见，纹饰趋向简朴，烧制技术有所改进，但釉面光泽较差，透明度始终不及长江下游所产。已发现的长江中游六朝窑址，重要的有四处，即江西丰城窑址、湖南湘阴窑址，以及四川的成都青羊宫窑址和邛崃窑址。丰城窑址分布于罗湖一带，范围约3万平方米，废品堆积有的达5~6米。1979年发掘上层堆积唐代瓷片，下层堆积的瓷片与南昌、新干、清江、永修等地南朝墓出土的瓷器相同。丰城唐代属洪州，这里发现的南朝窑场，应是唐代洪州窑的前身。湘阴窑址分布于县城堤坑一带，范围约10万平方米。1973年发掘。在25平方米的发掘区内出土西晋至初唐的青瓷一千多件（片），还有大量的匣钵等窑具。其中的两晋南朝瓷器与长沙、浏阳、湘阴、益阳、郴州等地的两晋南朝墓瓷器完全一致。湘阴唐代属岳州，这里发现的两晋南朝窑场，应是唐代岳州窑的前身。成都青羊宫窑址和邛崃县的固驿窑址、十方堂窑址，都只做过调查和小规模试掘。初步认为这些窑址均始烧于南朝而盛行于唐代。四川南朝墓中的四系壶、四系罐、敛口平足碗，以及杯、盘、钵等日用器，都可以在这些窑址的遗物中找到其踪影。

据说晋代时，有个叫赵慨的人，对当时景德镇地区瓷器质量的提高功不可没，因而被后世人尊称为"师主"，历朝立庙祭祀。到了公元583年，南朝的皇帝陈叔宝为了造豪华的庭台楼阁，下诏令要这里的窑户烧造雕镂精巧的陶瓷柱，以供皇家使用。隋代，隋炀帝又要这里造"狮象大兽"两座献给皇宫。这说明当时的景德镇地区制瓷业已有相当的技艺水平，瓷器产品有了更大的影响。

南北朝瓷器

南北朝时期，文具中大量出现陶瓷制品，如笔筒、水盂、砚等。水盂虽只是用于盛磨墨用水的，但造型都很丰富，有蛙形、鸟形、兔形、牛形等式样。而且，这时的瓷器已取代了一部分陶器、铜器、漆器，成为人们日常生活最主要的用具之一，被广泛用于餐饮、陈设和文房用具等等。

由于发展的不平衡，南北方瓷器有着较为显著的不同。尤其是青瓷器。其差别主要表现在以下几个方面：一是北方青瓷胎料中氧化铝的含量高，往往有因温度不足而瓷化程度稍低的现象，但瓷胎的颜色比南方要稍淡一些，多为灰白色或白色；二是北方青瓷釉的光泽度好，玻璃质强，釉面常有开片，流动性大，没有南方青瓷那种失透的感觉；三是北方青瓷胎体厚重，与六朝青瓷相比要大得多；四是北方青瓷的装饰方法较多，有堆贴、模印、镂雕、

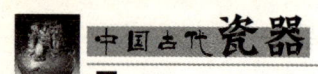

刻划等，纹饰中受佛教影响的纹样如莲花纹、忍冬纹等较多见。

此时虽然战乱仍未平息，但思想文化却获得了较大的发展。玄学盛极一时，佛教获得进一步传播，而思想、文学、史学、艺术、地理以及科学技术等方面，都取得了很大的成绩。同时南北文化、中西文化的融汇贯通在瓷器的装饰上得到了充分的体现，其中，佛教的盛行尤为突出，这对南北朝时期瓷器的发展，尤其是瓷器的造型和装饰艺术也产生了重要的影响。东汉时期，佛教传入我国，盛行于南北朝时期，寺庙在各地大量出现，佛像石窟和僧尼的数量猛增。这时的绘画、雕塑中都吸收、融会了不少外来因素，带有佛教色彩、意义的装饰也随处可见。

南北朝瓷器的莲纹丰富多彩，被普遍用来装饰瓷器。从众多的出土资料可以看出，此时瓷器上的莲纹与云冈、龙门、响堂山等石窟的柱础、藻井图案一样，都是以佛教艺术为母范发展变化而来的，因此富有浓厚的宗教色彩。南北朝制瓷艺人用他们的聪明才智，把富于装饰性的莲纹与我国传统的瓷器造型巧妙地结合起来，对丰富中国陶瓷的装饰艺术作出了贡献。

1. 南朝瓷器

两晋时的制瓷工艺仍被南朝采用，多数胎质致密，呈灰色，通体施青釉。这一时期江浙地区的青瓷，器形较小，多取动物的形象造型，或整体，或局部，具像优雅别致、妙趣横生，大改变了汉代及汉以前陶瓷大部分都是简单的罐、壶、碗等造形单调的局面。制品以鸡头壶、盘口壶和四系罐为最多。南朝时由于佛教兴盛，青瓷装饰纹样自然而然地出现了佛像、飞天、莲花纹等新的题材内容，工艺趋于繁复，其中尤以莲花纹饰最为突出。无论是浮雕莲瓣还是刻划莲花纹，都可以看作是当时的主要纹饰，由此看出佛教在南朝民间已十分盛行。褐色点彩工艺在此时仍较为流行，但褐点小而密，与初始时不同。

考古发现的三国两晋南北朝的南方瓷窑，主要分布在浙江和苏南宜兴一带，江西、湖南、四川、福建等省境内也有零星发现。这个时期的瓷器，绝大多数发现于窑址所在地及其附近的六朝墓中，除云南、贵州以外，其他各地的六朝墓也有一些瓷器出土。

南朝器物特点是普遍瘦高，造型优美，盘、碗、罐大多还是平底，但已出现假圈足。武昌何家大湾齐永明三年刘凯墓和南京林山梁代大墓出土的莲花尊是一种体形硕大、装饰华美的产品，标志着南北朝制瓷工艺的发展水平。

南北朝时期，江浙一带的制瓷业发展迅速。曹娥江沿岸的帐子山、鞍山、小仙坛、龙池庙等地，窑址密布，是当时烧造青瓷器的重要场地。这里不仅蕴藏着丰富的优质瓷土，也有烧制青瓷器的充足燃料，曹娥江更为青瓷的远销提供了极为便利的运输条件。江苏、安徽、江西、福建、湖北、湖南等地六朝墓出土的青瓷器，其产地常常是浙江生产的越窑瓷器。

除上虞以外，发现六朝瓷窑遗址的地方也很多，如浙江的绍兴、余姚、鄞县、宁波、奉化、临海、萧山、余杭、湖州以及江苏的宜兴等十几个市县。根

南朝黑釉鸡首壶

据制品釉色的不同，可分为越窑、均山窑、瓯窑、婺州窑和德清窑。

越窑主要分布于浙江北部和东部沿海地区。均山窑在江苏太湖之滨，集中分布于宜兴丁蜀镇和均山附近，又称"南山窑"。瓯窑在浙南温州一带。婺州窑主要分布于浙江中部的金华地区。德清窑主要分布于浙江北部的德清县及其附近。上述瓷窑，除德清窑和上虞帐子山窑兼烧黑瓷以外，全部烧制青瓷，各有千秋。

越窑仍然是南朝青瓷的主要产地，也是代表六朝青瓷烧制工艺最高成就的瓷窑。南朝越窑青瓷基本上摆脱了陶器与早期青瓷器的工艺传统，形成了自己的特色。在成型方法上，除轮制技术有所提高外，还采用了拍、印、镂、雕堆和模制等，烧造了众多新颖的品种，使瓷器渗入到生活的各个方面。南朝时，瓯窑也开始大规模生产青瓷，但规模较小。

婺州窑所出瓷器种类比越窑瓷少。南朝时婺州窑生产的器物中碗、盏的数量增多，同时出现了盏托。南朝时期的婺州窑瓷器釉层遍呈青黄色，胎釉结合较差，容易剥落。婺州窑自三国创烧以来，制瓷工艺不断进步，产品销售到江苏、福建等地。

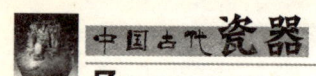

20世纪50年代以来,在金华地区各县三国至隋代的墓葬中出土了很多青瓷器,同时在武义县发现西晋瓷窑遗址。墓葬和瓷窑遗址中所出的瓷器,既与越窑不同,又和瓯窑有别,而与唐宋时期的婺州窑瓷器在胎釉质地、成型和装饰等方面都有着明显的渊源关系,据推测是婺州窑早期的产品。

南方沿海的福建、广东、广西,已发现的两晋南朝的青瓷器也不少。

福建政和西晋永兴三年墓随葬的青瓷器,是福建目前可确认的最早的青瓷器。此墓随葬盘口壶、双耳罐、短颈壶、钵、虎子各一件,从出土的器物造型看,与浙江越窑所产相似。东晋墓出土的青瓷器遍及全省十多个县,重要的器形有碗、碟、盘、钵、罐、盘口壶、三足盆、五盅盘、多子槅、耳杯、灯、博山炉、谯斗、蛙形水注、三足砚、唾壶、虎子等日用器和灶、谷仓罐、猪圈、鸡舍等模型器。从器形、胎釉和纹饰风格看,明显分为两类。一类与浙江越窑所产相似,釉色青绿,胎釉结合较好,例如谷仓罐、三足砚、蛙形水盂等。另一类造型独特,带有浓厚的地方色彩,如南安丰州东晋墓出土的带嘴双系罐、敛口深腹钵,器形纹饰均不同于他处所产。这类瓷器,釉色较杂,有青黄、青灰、苍青等不同色调,胎釉结合较差,易脱落。南朝墓随葬其有地方特色的青瓷器更多,如锯齿形托杯、盖碗、年底浅刻重瓣莲花盘、排列多层乳尖的熏炉、前蹲后卧的虎子,以及单管或多管的烛台等。这时长江中下游随葬明器已比以前大大减少,但福建南朝墓仍甚为流行。常见的有谯斗、火盆、带盘三足炉、粘连的五杯盘、提桶、虎子和鬼灶等,形体皆短小,这显然是专供随葬的明器。

关于福建瓷器的来源,出现了两种不同的看法。一种意见认为,两晋及南朝前期墓所出土的瓷器均为浙江越窑产品,至南朝后期,本地产品才逐渐增多。另一种意见认为,福建两晋南朝墓出土的瓷器,绝大部分是本地烧造,只有少数来自浙江瓯窑。1982年试掘福州西郊怀安窑址,发现一段龙窑残基。出土瓷片含有南朝至唐代的遗物,出土窑具上刻写有"大同三年""贞元"的年号。由此推知,怀安窑的始烧年代至迟在南朝中期,到晚唐仍未停止。福建南朝墓出土的青瓷器,有一部分应是怀安窑所烧造。由于发掘面积太小,资料未全部公布,全貌还不清楚。看来福建瓷器来源的问题,还有待于怀安窑的继续发掘和更多的新窑址的发现。

广东至今未发现六朝瓷窑址,但是从西晋墓出土的瓷器中可以看出,广东在西晋或孙吴时期可能已设窑烧瓷。例如年代明确的广州沙河顶西晋永熙元年墓。此墓随葬青瓷器 50 多件，器形有四耳罐、鸡首壶、碗、盏、盆、盂、盅、耳杯盘、簋、豆形灯、唾壶、虎子、牛车、骑马桶等。其中鸡首壶、唾壶、虎子、牛车、骑马俑等，与长沙西晋墓所出的同类器十分近似。四耳罐、簋、盅、豆形灯、耳杯盘、灶等，则常见于广州东汉墓所出的同类陶器。这部分瓷器胎色灰白，釉呈青黄色，开细片，多脱落，说明尚未完全瓷化。它们应是沿袭东汉制陶工艺，在本地设窑烧成的。进入东晋南朝时期，广东青瓷器可能完全是清一色的本地产品。

粤北始兴、韶关是东晋南朝墓的主要分布区，已发现很多东晋南朝墓，内有纪年墓 10 余座，断代比较明确。随葬青瓷器 400 件左右，其中绝大多数是富有地方特色的四耳罐和大小配套的瓷碗。长江中下游常见的鸡首壶、莲花壶、盘口壶、虎子以及鸡、狗和圈舍，在这里很少见到。

广西青瓷器大多发现于南朝墓，从出土的盘口壶、莲瓣鸡首壶、多子槅、多足砚、唾壶、虎子、禽畜模型以及骑马俑、部曲家兵俑等的器形看，与长沙西晋墓出土的同类器十分近似，可能是受长沙方面的影响而在本地仿造的。考古工作者曾在象州牙村发现一处汉至六朝的陶瓷窑址。从窑址中采集的一部分瓷片看，与南朝墓所出差别不大。因未发掘，目前尚无法论定。

2. 北朝瓷器

相对于瓷业发达的南朝，北方制瓷业真正发展起来那是之后的事。古陶瓷学者一般认为，北方制瓷业大约开始于北魏晚期，制瓷工艺很可能是由南朝逃亡而来的人传入的。

已发现并确定为北朝时期的窑址有三处。一处是河北磁县贾壁村窑；另二处是山东淄博市寨里窑和枣庄市中陈郝北窑址。这三处窑址都是北朝至唐代的青瓷窑。窑炉呈椭圆形（俗称"馒头窑"），以木柴为燃料，器形以碗、钵、盆、罐、盘、杯、壶、瓶、盒、莲花尊等生活用具为多，供器很少。这个时期已经广泛使用化妆土，器体厚重坚硬，胎质粗糙，含有较多的砂粒和铁质。各种器物均为一次拉坯成型，器底留有线割痕迹。施青釉，内施全釉，外施半釉。施釉一般采用浸釉法，釉层凝厚且施釉不到底，有垂流痕。也有刷釉，釉质不纯，厚薄不匀，色调一般较灰暗。内底多留有三支钉烧痕，烧制技术不高。此外河北临城和内丘也有疑似北朝窑址发现。

除发现于窑址和北魏洛阳城大市遗址以外，绝大多数北朝瓷器均发现于

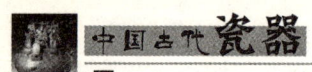

墓葬之中。尤其是东魏北齐时期的高级统治者墓中，每墓一般随葬几件至十几件瓷器。出土的瓷器以青瓷为主，黑瓷次之，白瓷数量最少。青瓷器大都造型简朴，注重实用，烧制技术不甚成熟，除少量莲花尊以外，全属日常生活用具。在品种、形制和烧造工艺方面，具有较大的共同性。冀南的磁县和豫北的安阳，是曹魏、东魏、北齐的政权中心，经济、文化都比较发达，所以在这一带的东魏北齐墓，随葬瓷器比较多，工艺水平也较高，这里应是北朝瓷器生产的一个重要地域。

知识链接

北魏的衰落与分裂

北魏孝文帝迁都洛阳后，改变了一度奉行的与南齐和好的政策，开始大举南伐。尽管几乎每次都无功而返，仍然不肯罢休。至宣武帝、孝明帝时，战事持续扩大。战争激化了社会矛盾，使北方各族人民对北魏政权的敌意更加强烈。先后爆发了北方六镇、关陇、河北、青州等多次武装起义。在北方各族人民大起义的沉重打击下，北魏皇朝徒具形式，实权落到了靠镇压起义起家的尔朱荣手中。

而此时的北魏朝廷政治昏暗，胡太后权倾天下，与儿子孝明皇帝不和，最后干脆用毒药鸩死孝明帝，另立年方三岁的临洮王宝晖世子钊为帝。尔朱荣另立长乐王之子修为帝，是为魏孝庄帝，并以"入匡朝廷"为名进兵洛阳，杀北魏朝臣二千多人，沉胡太后及幼主于黄河，史称河阴之变。

尔朱荣尽掌朝政，视孝庄帝为傀儡，引起孝庄帝及朝臣不满。永安三年（530年）九月，孝庄帝设计杀尔朱荣。尔朱荣的侄子尔朱兆闻讯轻骑至洛阳，杀孝庄帝。立献文帝之孙广陵王恭，是为节闵帝。

尔朱荣部将高欢收编了历次起义的残部，以冀、殷二州为根据，逐步扩大势力，最终于公元533年消灭尔朱氏，杀节闵帝，另立元修为帝，是为孝武帝。但孝武帝不愿受高欢控制，于公元534年逃出洛阳，投奔镇守关中的将领宇文泰。高欢只好另立元善见为帝，史称孝静帝，迁都于邺，史称东魏。宇文泰则于公元535年杀死元修，另立元宝炬为帝（西魏文帝），都于长安，史称西魏。东、西魏的军政大权，分别掌握在高欢、宇文泰的手里。最终，两人的子侄先后取代了手中作为傀儡的元姓帝王，自己称帝，分别建立了北齐和北周。

在磁县、安阳一带发现的东魏、北齐墓葬中，随葬品中一般都有几件瓷器。其中较有代表性的有：磁县湾漳大墓出土青瓷罐10件；茹茹公主墓出土青釉仰覆莲盖罐1件；高润墓出土鸡首壶、覆莲盖罐、罐、碗、烛台等青瓷器17件；尧峻墓出土高足盘、三耳壶、罐等青瓷器5件；尧母赵郡君墓出土青瓷瓶、酱褐釉的四系罐、双耳瓶、双系瓶、细颈瓶、壶共7件；赞皇李希宗墓出土青瓷碗、带系罐共18件，另有一些黑釉瓷片；平山崔昂墓出土黑釉四系罐、翠绿釉盘、豆青釉的盘口壶和唾壶，以及酱黄釉、黄绿釉、"焦釉"的碗，共14件；安阳范粹墓出土酱黄釉扁壶、白釉绿彩三系罐、白釉绿彩长颈瓶、白釉长颈瓶、白釉四系罐、白釉壶、白釉碗等，共14件；濮阳李云墓出土豆青釉六系罐、米黄釉绿彩四系罐各2件。这些瓷器标本，是研究北朝瓷器的重要实物资料。

这批瓷器器体多数厚重坚硬，胎质洁白、浅红、土黄都有。釉色以青绿、黄绿为多，透明度较差；又有白、黑、酱、褐诸色。各色釉中都有一些胎质洁白、釉色晶亮，达到光洁莹润的精品。例如，茹茹公主墓出土的青釉仰覆莲盖罐，高润墓出土的鸡首壶，崔昂墓出土的黑釉四系罐，李云墓出土的米黄釉加绿彩的四系罐和青釉六系罐，范粹墓出土的酱黄釉舞乐人物扁壶和白釉瓷，制作都很精美，特别是白釉长颈瓶，于乳白色透明釉上施数道绿彩，工艺新颖，都是北朝不可多得的精品。

到目前为止，多处已发现北朝黑瓷：北魏洛阳故城大市遗址发现黑瓷碗5件、杯3件、盂1件；东魏李希宗墓发现黑瓷片；北齐崔昂墓发现黑釉四系罐。这些黑釉瓷，釉质都较好，有光洁度，特别是李希宗墓的黑瓷片和崔昂墓的黑釉四系罐，制作颇精，证明北方黑瓷在北朝时已达到一定的工艺水平。

关于北朝瓷器的产地问题，过去学者曾提到磁县贾壁窑址，可能是北方青瓷的中心产区之一，但认为现存窑址开创于隋代。高润墓出土的青瓷碗和护胎釉碗，经验证与贾壁村旧窑址采集的碗片完全吻合。高润死于北齐武平七年（576年），据此知贾壁村窑早在北齐时就烧造青瓷，而且知道在瓷器上采用护胎釉的新工艺。

此外，河北景县封氏家族墓、山东临淄崔氏家族墓出土的北朝青瓷器，也是比较重要的发现。

1948年发掘的河北景县封氏墓群，其中有有四座墓随葬青瓷器，共35件，年代约从北魏到隋初。器形有碗、盘、碟、杯、壶、瓶、罐、托杯、唾壶和仰覆莲六系尊。虽然胎釉工艺都不够成熟，但造型很有特色。除四系盘口壶、唾壶与南方青瓷近似外，直径达40厘米的大盘，带托深腹杯，四系罐，都与南方青瓷不同。最突出的是出自封子绘墓和祖氏墓的4件仰覆莲六系尊，形体高大，造型宏伟，装饰瑰丽，是代表北朝莲纹装饰水平的典型作品。莲花尊除颈部堆贴两组飞天、兽面纹外，自肩部至足部装饰七层不同形态的仰覆莲瓣，综合运用印贴、刻划和堆塑等艺术手法制成。每层莲纹的样式和处理手法各不相同，其丰富的变化与壮观的形制都是前所未有的。第一、二层模印的双瓣覆莲贴在肩腹之间，莲瓣圆润舒展；第三层恰在器腹中部，莲瓣最长，瓣尖凸起微向外卷，每瓣还加饰一片模印的菩提叶纹；第四层仰莲贴在下腹部，瓣尖略微上卷。最底部的高足上堆贴两层覆莲。各层莲瓣分别采用印贴、刻划、堆塑等技法，华缛精美，仰覆呼应。盖上同样有莲瓣装饰。出土时，整体

北朝封氏墓仰覆莲六系尊

呈青灰色，胎釉仍结合牢固，不变形，不脱釉。经鉴定，胎釉的化学成分与南方越窑青瓷明显不同，故被誉为北方青瓷的代表作。

值得注意的是，武昌、南京等地的南朝墓中也发现了这种莲花尊，目前已知的至少有6件（流散国外的未计入），有的造型更大，装饰更华丽，年代也较早。看来景县封氏墓的莲花尊很可能是南方逃入的工匠或受南方制瓷工艺的影响而在本地仿制的。此外，在山东淄博和庄北朝墓也出土过莲花尊。该器体形瘦长，腹上部堆塑一周双瓣覆莲，莲瓣凸起，姿态丰盈，瓣尖向外微卷。下腹部饰一组双层仰莲，每层十一瓣为一周。腹以下收缩为外侈的高足，足外堆塑一周十一瓣覆莲。

临淄北朝崔氏墓地，始于北魏，延到北齐。其中有9座墓有随葬青瓷器，共41件。器形有碗、盘、高足盘、罐、四系罐、鸡首壶、狮形水盂等。除狮形水盂制作较精以外，都是一般的日用器皿。器形、胎釉及烧造技艺，均与附近寨里窑出土的瓷器基本相同，自应归属于寨里窑所产。

白瓷的出现在陶瓷史上具有重要意义，更是南北朝瓷业的一大成就。它是后来各种彩绘瓷的基础。北方白瓷的出现，过去一般认为在隋代。但考古发掘的资料表明：在河北、山西发现的十余座东魏、北齐墓中，都出土了白胎青瓷。它表明：北朝时，由于鲜卑和拓跋部统一了黄河流域地区，建立了北魏政权，随后孝文帝迁都洛阳，实行汉化政策。在新的历史条件下，具有丰厚制陶基础的北方窑业一跃而起。北方工匠开始选用含铁量低的原料制瓷坯，以提高胎色的白度和增加釉色的纯正。白胎青瓷的烧制不仅标志着北方制瓷工艺在原料的选配上相较南方工艺有了长足进步，更重要的是它为早期白瓷的烧成奠定了技术基础。

据考古发掘证实：北方白瓷早于南方出现并得到发展，并非是由于南方制瓷业技术的条件不足，而是由于其社会性造成的社会风俗，人们对色彩欣赏的习惯与禁忌心理都是造成这种局面的原因。江南地区山清水秀、四季常青的生活环境养成了人们崇尚青色的欣赏习惯，天长日久就形成了青瓷垄断南方制瓷业的局面。而从殷

北朝白瓷碗

商时的白陶到汉代彩绘陶上的白色陶衣，却表现出长期生活在多雪环境中的北方地区人们所追寻的一种以白为美的旨趣。北魏孝文帝迁都洛阳，促进了民族融合，"尚白"的习俗更加深入人心，导致北方瓷业中的白瓷迅速发展。

　　国内发现的有关白瓷的最早资料是20世纪60年代考古工作者在河南安阳北齐武平六年（575年）范粹墓中出土的少量北齐白瓷，有碗、杯、缸、长颈瓶等。这些白瓷器的胎体用北方次生高岭土做成，釉为白色，玻璃质强。其特点是釉层薄而滋润、呈乳白色，釉色仍泛青，还不是成熟的白瓷，但它能够说明：白瓷实际上也是在青瓷的基础上发展起来的。其后在河北邢窑早期窑址也发现了北朝时烧制的白瓷产品。国外出土的还有更早的：韩国清州博物馆收藏有韩国公州武宁王陵（529年）出土的一件白瓷灯盏，经鉴定是中国的瓷器。

　　虽然此时的白瓷白度不是很高，但已充分说明当时的工匠们已初步掌握了减少胎釉中铁元素含量的技术。白瓷的出现不仅增加了一个瓷器的品种，更为我国以后瓷器的发展提供了一个更为宽广的平台，并为北齐以后中国陶瓷的青、白两大瓷系并驾齐驱的发展奠定了基础。白瓷的出现也为中国瓷器生产的全面发展特别是釉下彩瓷的诞生准备了充足的条件。可以说：有了白瓷，才有了我国千变万化、千姿百态的彩瓷，才有了我国瓷器高超的绘画等装饰艺术。

第二章

隋唐五代宋辽金夏瓷器

隋唐时代，全国重新统一，中国社会的经济文化进入了高度发展时期。相应地，这一时期的陶瓷生产也呈现出蓬勃发展的新局面。无论是在中国历史还是在陶瓷史上，隋朝都是一个新时代的开端。尽管隋代陶瓷工艺在陶瓷史上不曾有什么独特的建树，但却为一个新的陶瓷时代拉开了序幕。

至唐代，北方形成了以邢窑为代表的白瓷系统，南方则有以越窑为代表的青瓷系统，一青一白两大瓷窑系统并驾齐驱，形成"南青北白"之说。同时"釉下彩瓷"与"花瓷"等富有时代特色的制瓷工艺也相继出现。

五代瓷器，从唐代的雍容浑厚，发展到优美秀致，加工更加精细，成型技术也有所提高，这时江西景德镇窑已崭露头角。

宋代是我国瓷器发展史上一个极为繁荣、辉煌的时期，各地新兴窑场不断。截至目前，我国考古工作者已发现的古代陶瓷遗址分布于全国170个县，其中130个县都有宋代窑址，占总数的75%，可见宋代瓷业之盛况。

与宋王朝并存的还有辽、金、西夏等少数民族政权，这些地区的瓷器，一方面吸收了中原瓷器的先进之处，一方面又以鲜明的游牧民族风格和地域特征著称于世。

第一节 隋唐五代瓷器

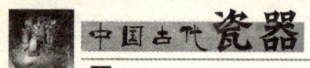

隋代瓷器

隋朝历史很短，不足40年，瓷器制造业没有形成自己的显著特点。但在中国陶瓷史上，隋代却是一个承前（南北朝）启后（唐代）的过渡阶段，为我国瓷业发展的第一个高峰期奠定了坚实基础。隋以北朝为基础统一全国，隋初的文化面貌也带有较浓重的北朝色彩。随着南北的政治统一，南北经济、文化也开始了大范围的合流和交融。入隋以后，南北方瓷业均出现了飞跃式的发展。不仅窑场及其烧制的瓷器明显增多，而且器物装饰所采用的各种花色、风格、样式不断丰富发展，形成各竞风流的局面。通过对陶瓷考古和墓葬考古的现有资料分析，我们得知可以了解隋代瓷器的大致情况、特点。

隋代白瓷瓶

隋代制瓷工艺的发展主要体现在以下几个方面：

1. 隋代窑厂的发展

在隋以前，烧瓷的窑场都主要分布在长江以南和长江上游的今四川境内，北方的烧瓷窑场非常少见，很少有值得重视的窑场。但入隋以后，这个局面出现了改观。瓷业在大河南北蓬勃发展。目前全国已发现的隋代瓷窑有：河北磁县贾壁村窑，河南安阳窑、巩县窑，安徽淮南窑，湖南湘阴窑，四川邛崃窑，江西丰南窑等，其中有四处在大河南北。这些窑厂是未来唐宋瓷业大发展的先导。其中河南的安阳窑位于现安阳市北郊洹河安阳桥南岸，是目前发现的隋代青瓷中规模最大的一处。

2. 隋代瓷器器形

隋代烧制出的器物品种明显增多，日用瓷器出现了过渡性的特点。主要器形有壶、罐、瓶、碗和高足盘等。壶的基本特征是盘口、有颈、系耳都贴附在肩上，盘口较前代高，椭圆腹，系耳多作条状。高足盘在南北墓中均有出土，可见烧造量大，是隋瓷中较为典型的器物。

隋代瓷器也有一些自身的特点，比较容易鉴别。

隋代瓷器的主要器形有：盘口壶、鸡头壶、带系罐、瓶、高足盘、俑等。隋代瓷器具有明显的时代特征，即体态细长的造型，特色鲜明。隋代鸡头壶的盘口较南北朝时更高，颈更细长，颈部加饰几道弦纹。腹部更为瘦长，鸡头却趋向写实而且又较靠近颈部。龙柄、带系。盘口壶的体形较南北朝时高磊，盘口更高，颈较长较直，腹更瘦长，有四至六个条状系。北方流行的罐多为三或四系，直口、无颈，罐身近椭圆形，腹中部凸起一道弦纹。南方流行的罐多为六系或八系，直口、无颈、丰肩，罐身瘦长。瓶为小盘口，颈较细长，腹略呈椭圆形。隋代高足盘，有些文献上称做浅盘圈足豆，这是隋代特有的器形：浅盘，口微外撇，盘心平坦，常有阴线圈纹，并留有几个烧痕。高足呈喇叭状。隋代的白瓷俑，面部清瘦，身体细长，同唐代肥胖的俑有明显区别。

3. 隋代瓷器制作与装饰工艺

隋代瓷器生产的主流仍是青瓷，南北各地均有生产。生产中心虽然仍在南方，但已有逐渐向北转移的趋势。而且隋代北方的陶瓷生产不仅继承了北方青瓷的传统风格，还吸收了南方青瓷的特点。隋代青瓷的共同点是胎体一般较为厚重，胎色以灰白色居多，并因烧制地点和原料而各有变化。一般器里满釉、器外施釉不及底且有不同程度的流釉现象。

隋瓷胎釉在各地窑口之间略有差异，在总体上看，胎体较为厚重，胎色灰白居多；釉仍属石灰釉，呈玻璃质，透明度强，多呈现青色，青中泛黄或黄褐色；器体施釉一般不到底，多是用支具托垫叠烧。

白瓷烧制技术日臻完善，产量大增，质量也明显提升。从河南、陕西、安徽出土的隋

隋代白釉罐

代白瓷来看，与北朝相比，白瓷烧造有较大的进步。其中的精品，胎质更加洁白，釉面颇为光润，胎、釉中均已看不见白中闪黄或白中泛青的痕迹，而是白中微泛灰蓝，更加接近纯白色了。这也为唐代瓷业"南青北白"的局面开启了先河。

隋瓷的装饰纹样以花草居多，除沿袭南北朝时盛行的莲花纹外，还采用花朵、草叶、卷叶纹，并常在布局上巧妙地穿插替换而组成新颖图案；盘碗类器多在中心装饰，由朵花卷叶组成圆形图纹；瓶罐类器物的装饰主要集中在肩部和腹部，一般用花朵、卷叶纹组成的带状图案。隋瓷装饰手法有印花、刻花、贴花、堆塑等，其中印花应用最为普及、广泛。隋代瓷器采用的模印花纹，是用瓷质印模在未干的胎体上压印而成的。

唐代瓷器

同科学技术、文化艺术的繁荣昌盛相一致，唐代瓷器的制作与使用更为普及，与前代相比瓷器品种更为多样，精细度更高，在发展中形成了"南青北白"的两大瓷窑系统，并以此引领后世中国瓷器的基本风貌。

知识链接

何为火照?

火照又称"火标",它是烧窑时用以检验窑内温度和坯件成熟情况的一种试片。一般用碗坯改造而成,上平下尖,中间钻一个圆孔,置于窑膛。检验窑温时,用长钩钩出火照观察。每烧一窑要验火照多次,每个火照只能使用一次。

1. 唐代越窑青瓷

"南青",指的是南方浙江的越窑青瓷。以慈溪县上林湖、上虞县窑寺前的产品最具代表性,从商周战国秦汉六朝几代,这里一直以烧制青瓷为主,积累了相当高的制瓷技术,至唐代技艺更加娴熟,被称为"诸窑之冠"。

浙江越窑是唐代青瓷的主要产地,它的特点是:胎骨较薄、施釉均匀、青翠莹润。

唐代前期,越窑瓷器大体继承南朝风格,胎质灰白而疏松,釉色青黄易剥落,器物种类较少,造型变化也很简单,在北方上层社会,地位不及白瓷。越窑的繁盛主要在晚唐和五代,后期产品胎色虽灰白仍旧,但胎体细腻致密,造型大多规范工整,器物大多通体施釉,釉面已经相当匀净莹润,滋润光滑,如冰似玉,只是颜色上呈黄或绿还不大稳定。器形种类很多,几乎应有尽有,并受外来文化的显著影响,以双龙耳壶、扁壶、凤头壶等为其特色。器物已能够做得十分轻薄,不少器形颇多变化,或仿花形,或做出波折、菱角,清新绰约。此时的器物虽以素面为多,但也有划花、印花、镂空、捏塑、堆帖和釉下褐彩等装饰。五代时,青瓷普遍胎质精细、胎体轻薄、造型秀美、器施满釉、釉薄而匀,同时烧造大型器物的水平不断提高,为宋代青瓷迎来黄金时代打下了基础。

越窑青瓷的这些特色得到了诗人的许多赞美。陆龟蒙形容青瓷釉色的意境是："九秋风露越窑开，夺得千峰翠色来。"顾况将青瓷形容成玉："舒铁如金之鼎，越泥似玉之瓯。"徐夤则形容秘色瓷是："捩翠融青瑞色新，陶成先得贡吾君。巧剜明月染春水，轻旋薄冰盛绿云。"孟郊的诗更令人想象无穷："蒙茗玉花尽，越瓯荷叶空"，喻茶品完后的青瓷如荷叶。

法门寺地宫出土的秘色瓷器

唐代越窑青瓷器那种"千峰翠色"般的碧绿釉色赢得了上至王公大臣、下至黎民百姓的欢迎。最精细的越窑青瓷称为"秘色瓷"，仅供给皇家御用。现在所见的唐代越窑青瓷，特别是其中的"秘色瓷"，最令人振奋的发现得自法门寺地宫。1987年4月陕西省考古工作者在扶风县法门寺塔唐代地宫，发掘出16件越窑青瓷器。作为贡品，这批瓷器的确是越窑青瓷精品。这批青瓷除两件为青黄色外，其余釉面青碧，晶莹润泽，有如湖面一般清澈碧绿，器形规范周正，口沿常作五曲花瓣形，为使瓷釉尽可能多地覆盖胎体，装烧则用支烧法。黄釉不及青釉美丽，故又用银片包镶口沿和底足，还有金银平脱的花鸟团花出现在腹壁，是装饰，也是遮盖。

秘色瓷是从何时才有的曾出现两种说法。一为五代之说。这一观点，依据宋人赵德麟《侯鲭录》及曾《南斋漫录》的"吴越秘色窑，越州烧进，为贡奉之物，臣庶不得用，故云秘色"解释，长期以来被明清两代专家学者普遍认同并成为陶瓷学界主流。这主要是因为五代的钱氏朝廷向后唐、后晋和辽、宋王朝进贡的越瓷均真实地反映在《十国春秋》《吴越备史》《宋史》《宋两朝供奉录》等史料内，而且这类越窑青瓷在考古发掘中也出土过不少，能够得到文献和考古两方面的证实。一为晚唐之说。持这一观点者主要以晚唐诗人陆龟蒙和徐夤在篇名中有"秘色"一词立论。但此说法缺乏相关证据。及法门寺地宫藏物发现，"秘色瓷始烧于晚唐"之说才被证实。

越窑的烧造地点有很多，现已发现的有浙江余姚上林湖木杓湾窑、鳖唇山窑、上泵湖窑、白洋湖窑等。绍兴九岩窑和温州西山窑、上虞百官镇坳前山窑，都是越窑系统。唐代青瓷产地不仅在越州，还有浙江婺州金华窑，温州一带瓯窑，安徽境内的寿州窑，湖南岳州窑头山窑、长沙窑，江西景德镇的湘湖、湖田窑，永和镇吉安窑等。说明唐时青瓷工艺发展快，范围广。

以长沙窑为例。长沙窑是唐代南方重要的青瓷窑。在今湖南长沙市郊铜官镇瓦渣坪首先发现，故又称"铜官窑"。该窑创烧于唐代，晚唐至五代是极盛期，五代以后衰落。以烧制青瓷为主，兼烧少量的白釉、褐釉、酱釉、蓝釉瓷器。长沙窑最常见的有生活及文房用品，此外还有玩具、瓷俑等，种类很多，各种日常用器均有。以罐和壶的形式最为多样，短嘴多角壶是其典型器。长沙窑瓷胎细密坚致，瓷化程度较高，胎色有灰白、灰黄、青灰、灰红及肉红。装饰品种丰富多彩，有釉下彩斑、釉下彩绘、印花、贴花、贴花彩斑、刻划、雕刻、镂空等。

唐长沙窑青瓷盘口提梁壶

2. 唐代邢窑白瓷

唐代烧造的白瓷真正成熟起来，胎釉白净，如银似雪。"北白"，指的就是北方河北的邢窑白瓷，以内丘城为中心发展起来。由于此地唐代属邢州，故名。其历史可上溯到北朝，隋后期曾短期繁荣，经过唐早期的低靡，唐中期生产极盛，晚唐开始衰落。

邢窑以素面白瓷驰名，釉白而微闪黄或淡青。胎质厚而细，瓷质坚硬。器内满釉，外釉往往不到足，器表往往光素大方，不施纹饰。邢窑所产瓷瓶在唐代亦极著名，时称"内丘瓶"，多广口短颈，壶为短嘴；此外也有白瓷烛台、葵形盒等。器底多如璧形的宽环，被称为"玉璧底"。

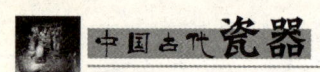

唐代邢窑白瓷八卦兽头辟雍砚

　　白瓷的种类较少，产品分粗、细两种，以粗者居多，细者只占少数。粗白瓷胎质较疏松，胎外均施护胎釉，即化妆土，釉色灰白或乳白，通常施釉不满。细白瓷器形规整周正，胎骨坚实、致密而透明，露胎部分滑润如糯米粉；釉色细润洁白且有光亮，器物每施满釉，厚处呈水绿色；部分还带有印花、刻花等装饰。中国已知最早的薄胎瓷器就发现在邢窑遗址，其时代为隋后期，器物主要为碗和杯，虽底部较厚，但薄胎处仅 0.7 毫米，迎光透影，应是为隋炀帝烧制的贡品。

　　邢窑是唐代最著名的白瓷窑，其产品的优点特别是造型规整、器体莹薄很为诗家倾倒。元稹曾有诗中说邢窑："雕镌荆玉盏，烘透内丘瓶。"杜甫也有诗赞白瓷曰："大邑烧瓷轻且坚，扣如哀玉锦城传。君家白碗胜霜雪，急送茅斋也可怜。"时人评价道："内丘白瓷……天下无贵贱通用之。"邢窑瓷代表了当时白瓷的最高水平，产品畅销国内外，故"天下贵贱通用之"并非夸张之词。

知识链接

传统瓷器鉴定与现代瓷器鉴定的区别

目前的瓷器鉴定方法可分为传统鉴定和现代鉴定两种。

传统鉴定又称"眼学鉴定",即鉴定者通过手摸、眼看、听声、闻气味、掂重量等方法,对器物的造型、纹饰、胎质、釉色、款识、重量等制作工艺、历史文化源流等方面进行观察和分析,然后根据自己累积的经验,对器物的真伪、年代、窑口和价值作出判断。

现代科学鉴定,是将现代科学技术应用到古代瓷器鉴定领域,采用特定的科学检测仪器,对瓷器的胎、釉的化学组成、理化性能进行测定和数据分析,从而对器物的真伪、年代和产地作出结论。

除最著名的邢窑外,唐代烧造白瓷的还有平定、平阳、霍州等地。河北曲阳的定窑,河南巩义窑、密县窑、鹤壁窑、登封窑、郏县窑、荥阳窑、安阳窑,山西境内的浑源窑、平定窑,陕西耀州窑,四川成都青羊宫窑,安徽萧窑,江西景德镇的石虎湾窑和胜梅亭窑,唐时都已烧造白瓷。至唐末五代时期,邢窑在白瓷生产中的地位逐渐为曲阳定窑所代替。

曲阳窑的窑址在河北省曲阳县涧磁村一带。这个窑场在宋代更负盛名,被称为定窑。故有人也把唐代曲阳窑叫作唐代定窑。曲阳窑的白瓷胎有粗细之分,细者胎色白中微微泛黄,多使用化妆土;粗者则呈灰白或灰黄色,均较坚硬。细白瓷釉中泛黄,比较滋润;粗白瓷釉白中泛青,较厚而且有细片纹。一般都是器外壁上半釉。曲阳窑的器形中,还出现了白瓷玩具等。

巩义窑的窑址集中在河南的巩县小黄冶、白河乡等地。其生产的品种多样,以白瓷为主,还生产青花、三彩器等。其白瓷的胎为黄白或灰白色,较粗松。釉白中泛黄。据文献材料,巩县窑在唐代有些白瓷作为贡品,必有十分精细的一类白瓷。生产的白瓷多为日用器,以白瓷枕最有名。

河南巩义窑白釉弦纹匜

除了上述出产白瓷的重要窑址外，还有文献中所记载的大邑窑。诗人杜甫所写的《又于韦处乞大邑瓷碗》中也有描述。诗云："大邑烧瓷轻且坚，扣如哀玉锦城传，君家白碗胜霜雪，急送茅斋也可怜。"人们由此认为唐代四川地区应当有一座生产精美白瓷的"大邑窑"。可至今未找到窑址，也未识别出跟杜甫诗中描述的特征相合的四川产的唐代白瓷器。故此大邑白瓷至今仍然是个谜。

虽然"南青北白"是唐代瓷业的最大特点，虽然邢窑白瓷与越窑青瓷分别代表了北方瓷业与南方瓷业的最高成就，但实际上，北方诸窑也兼烧青瓷、黄瓷、黑瓷、花瓷，而且还有专烧黑瓷与花瓷的窑厂。这主要是因为北方诸窑中，很多瓷窑烧瓷的历史较短，没有陈规可以墨守，因而敢于作各种尝试和探索。釉色不厌弃青、白、黄、黑、绿、花，制胎可以两色重叠拉坯，形成纹理，不薄雅素，更喜富丽。这代表了一种新的自信和进取的时代风格。反观南方，在唐墓中也发现了相当数量的白瓷，却始终没有发现专门烧造白瓷的窑址。这从一个侧面说明：唐代同时也是一个白瓷向倾向于保守的青瓷进行冲击的时代。

而且，唐代瓷器生产的"南青北白"之说，只是就整个唐代陶瓷发展的大致情况而言的。因为除了青、白瓷之外，唐代还有"釉下彩瓷"与"花瓷"等新品种，从某种意义上说，"三彩陶器"也是唐代制瓷工艺的重要组成部分。唐代越窑青瓷中已有褐色釉下彩绘装饰，但并没有充分发展起来。湖南长沙窑釉下褐绿彩绘的出现，为瓷器装饰开辟了新的途径。唐代"花瓷"的出现是陶瓷工艺的又一新创举。所谓花瓷是指一种黑釉带乳白色，或乳白中呈现针状蓝色斑的瓷

唐代三彩双龙瓶

器，器形主要有罐、拍鼓等，有河南境内的鲁山窑、郏县的黄道窑等。

唐三彩更是唐代陶瓷工艺中一枝独放异彩的鲜花。评诗家常说，唐诗有所谓"盛唐气象"。而唐三彩恰恰是陶瓷艺术领域中最能表现这种盛唐气象的品种。它虽是陶器，却与一般低温釉不同，其胎体用白色黏土制成，釉料用数种金属氧化物为着色剂，如用氧化铜烧成绿色，氧化铁烧成黄褐色，氧化钴烧成蓝色。并用铅作釉的熔剂，利用铅在烧制过程中的流动性烧成黄、绿、天蓝、褐红、茄紫等各种色调，斑斓绚丽，颇能显示盛唐风采。因为一件彩陶上基本有三种以上的色彩，故世人称之为"三彩"。唐三彩器形繁多，主要有器物和人物两大类，一般用作冥器。其中俑是最富特色的雕塑品，题材十分丰富，有文吏武官、男女侍从、各族人像、乐舞游园。还有镇墓神兽、十二属相，以及牛、马、羊、驼等等。唐三彩陶俑在中国美术史上意义重大。

唐三彩的釉色很多，有黄、绿、紫、褐、蓝等色，近年来还发现有黑色釉。相比于此前的彩陶器，唐三彩是白、黄、绿或黄、绿、蓝、赭等色釉同时在一件陶器上交错使用。这种斑驳陆离的彩釉形成了它独特的艺术风格。三彩器物上还采用印贴花的装饰手法，其图案主要有宝相花和小朵花卉。

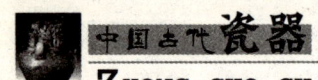

唐三彩对国外同类艺术有巨大影响。传到朝鲜以后，当地人民在它的基础上创制成一种彩陶，名为"新罗三彩"；日本仿制三彩也取得成功，称为"奈良三彩"。

在制瓷工艺上，唐人的贡献很大。其独特之处是在烧成工艺中普遍使用了匣钵装烧，匣钵的创制和使用可能要早于唐，但大量使用并作为工艺的常规，则是在中唐以后。

3. 唐代瓷器的器形

唐代无论青瓷、白瓷，其器形大多为日常生活需用的碗、盘、壶、罐、瓶等。碗一般较浅，有直口和45°角斜出口等多种形式，其共同特征是：口沿外部突出一周如唇状。俗称唇口，圈足为平底或玉璧底，外部施釉不到底。壶最常见的是一种多棱形圆柱短流的执壶，壶腹一般为椭圆形或瓜棱形，壶柄为双排曲柄，壶口多为喇叭口，外部施釉不到底，底多为微微内凹的平底。与唐代书法艺术的普及相关，唐代亦多有瓷砚制作。唐代瓷砚的足较多，更有镂孔圈足，砚面明显向上凸起。总之，唐代器形从总体上看，往往给人一种浑圆、丰满、稳重的感觉。

4. 早期中国瓷器的外销

中国瓷器出口的历史，至少可以追溯到唐代。在日本、韩国、印度、伊朗、伊拉克和埃及等地，考古学家们对9世纪前后的城镇遗址的发掘中，都曾发现有相当数量的中国唐代瓷器碎片。宁波市唐代称明州，是通往日本和韩国的主要通商口岸。1974年，在宁波余姚江唐代出海口附近发现一艘唐代沉船，其中有几百件越窑和长沙窑的青瓷、青釉褐彩瓷和黑釉器，并有"乾宁五年"（898年）刻款的方砖一块。这些瓷器与在韩国和日本发现的唐代瓷器，在器形、釉色和装饰上都明显属于同一窑口。中国唐代瓷器的出口有海路和陆路之分。陆路即著名的丝绸之路，而海路则直通日本、韩国、南亚、西亚、北非和东非各地。日本学者曾把这条运输瓷器的海上航线称为"瓷器之路"。

五代时期的瓷器

五代十国时期社会动荡。但江南一带相对比较安定，北人南逃，南北往来，客观上形成了相互交融、取长补短、互通有无的局面。各地割据政权的存在并没有迟滞陶瓷业的进步和发展，一些割据的藩王政权为保持自己的统治，采取保境安民政策，这在客观上促进了陶瓷业的繁荣。

唐代雄厚的制瓷技术在五代十国使其得以延续。瓷窑数量略有减少，但瓷器质量有了进一步的提高。南方浙江的越窑以及北方河北的定窑仍然是这一时期主要的瓷器生产基地。越窑青瓷质地细腻，胎体厚重、坚致，胎色灰白；器形规整、表面光润、口沿轻薄；均施满釉，釉薄而匀，黄釉逐渐减少，青釉多数带灰色，釉层透明。划花线条趋细，刻花装饰亦不盛行，光素无纹的器物仍占很大的比例。这一时期的越窑已成为吴越钱氏王朝的官窑，生产的越器作为供品，制作更为精巧，秘色青瓷代表了这一时期的工艺水平。

白瓷的生产仍以北方地区为主。唐代的窑厂此时多数仍在继续烧造，其中规模最大的是曲阳窑、鹤壁窑以及耀州窑系的黄堡镇窑和玉华宫窑等。曲阳涧磁村窑址出土的五代白瓷器皿就有碗、盘、灯、碟、盒、罐、瓶、枕等各种用具。景德镇的胜梅亭、石虎湾、黄泥头等地在五代时亦烧白瓷器。但白瓷数量不多，是烧青瓷时兼烧的。白瓷胎较白，釉白中略泛青，器形也少，以碗为多。由此看

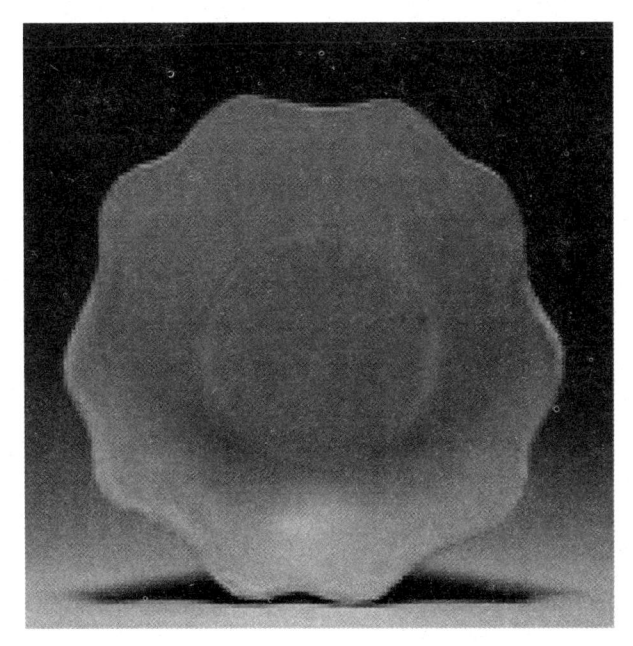

五代定窑白瓷官款花口盘

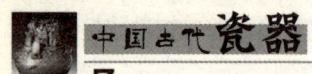

来，景德镇窑此时虽然已经小有名气，但主要是模仿烧制越窑青瓷与邢窑白瓷，还没形成自己的特色。

五代时期的瓷器，无论是胎釉、器形、纹饰等都与唐代风格有着继承和变革的血脉联系。但整体风格不似唐代瓷器的雍容浑厚，而是有着这一时期特有的优美秀致。相比较而言，唐以前笨拙粗重的瓷器造型渐次淘汰，取而代之的是精巧优美的新型产品，丰富多样，风格鲜明。总体而言，五代瓷器特征不同与以往，工艺更成熟。

五代瓷器的胎质均较薄，为了使瓷器胎薄，对制瓷原料加工更为精细，使得烧成的瓷器胎质更加致密，玻化程度更高。五代时期的大件器物以及轻巧秀美的各类器具（如有莲花式样碗托、莲花瓣纹盖壶和曲阳的白釉炉）的烧成与制瓷原料加工技术进一步改善有关。这些器物的成型往往难度较大（大型器物使用分段造型手法制造），促使其成型技术有了新突破，为北宋制瓷工艺的发展奠定了基础。

这一时期装烧工艺更加先进。五代越窑瓷器的所谓"秘色瓷"，较北方白瓷的成色稳定性有了进一步提高，明显可以看出窑炉结构的改进；成功地控制窑炉还原气氛更是重要的一方面。使用匣钵装烧较唐代更为普遍，使瓷器的成色均匀纯净。为了使器物的外观完整，提高它的使用价值，支钉不仅小且少，并支在器物的不显眼之处。五代满釉（由于技术原因无法使得底部满釉）瓷器的烧造成功，是这种支烧工艺改进的结果，也为宋代瓷业的繁荣准备了条件。

五代瓷器的造型基本继承了晚唐的风格。盘碗的口沿常作花瓣形，有五瓣、六瓣、八瓣不等，还有三瓣与四方形的。圈足，足壁有的较宽，有的较窄，窄的足高而外撇，宽足的，足直而短。盏托常常压边成荷叶形，托则折腰，圈足高而外撇；执壶常作瓜棱形，流较长而微弯。杯有完全仿造金银器形烧造而成的深腹杯，作海棠式，高喇叭圈足等。出土器物如瓜棱形的长嘴注子，花瓣形的茶托以及盘碟之类多作五瓣或六瓣的样式。长沙五代墓中出土的白瓷，有短嘴带盖的注子，葵花口碗、十瓣瓷碟、棱花形盒等，制作都很精美。江苏新海连市发现的杨氏吴太和五年（933年）赵恩虔妇人墓，出土的白瓷也相当精美，有盘、碗、盂、罐、奁、枕等，而以花瓣口的器物最为有特色，有三瓣的，有十瓣的，款式优美别致。

五代瓷器在器形方面的一个特点是每一器类都式样多变，各窑厂均有自己特有的器式。如碗的式样竟达八种，可见在当时生产上的繁荣。但也正因为在全国分裂、割据的形势下，各地瓷窑之间借鉴、仿制使得市场竞争不太可能，导致生产上的"各自为政"，因此各自所取得的进步与发展又都是有限的，瓷业的新发展与繁荣还有待于北宋统一全国。

知识链接

古代瓷器鉴定的内容

古代瓷器的鉴定包括四项基本内容，即辨真伪、断年代、识窑口、评价值。

辨真伪，即鉴定一件瓷器是真品，还是后代的仿品或伪作。仿品是出于对前代瓷器的喜好，但因真品太少且不易得而仿造。历史上的仿古高潮主要分为明清两代仿宋代名窑、明后期仿明前期、清前期仿明代、清后期仿清前期等。

断年代，即判断器物的烧制年代。其主要依据为器物的造型、纹饰、釉色、工艺和款识等特征。对于较古远的朝代（如唐、宋、元），能辨出朝代即可，若能分出早、中、晚期则更好。对于明代时期的器物，则需要定出与帝王年号相对应的朝代，对于在位较长的帝王，还可继续分出早、中、晚期。

识窑口，即判定瓷器是属于某一窑口或窑系的产品。其主要判断依据有胎、釉、造型、装饰和工艺等。对于具有典型窑口特征的器物一般要求准确无误，特征不够典型的则指出所属窑系即可。

评价值，主要包括研究价值、艺术价值、文物价值和经济价值四个方面。前三个方面主要为研究者所看重，而收藏投资者则更多关注后三个方面，尤其是经济价值。

第二节
两宋瓷器

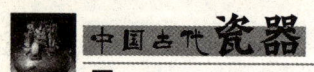

宋代涌现出不少驰名中外的瓷窑。以"五大名窑"（定、汝、官、哥、钧）为主的官窑就是其中的典型代表。除五大名窑外，宋代还有以八大瓷窑体系为代表的民窑。这些窑系一方面因受其所在地区使用原材料的影响而具有特殊性，另一方面又受封建帝国时代的政治理念、文化习俗、工艺水平制约而具有共同性。下面分别加以介绍。

两宋五大官窑

1. 定窑瓷器

定窑为宋代五大名窑之一，是继邢窑而兴起的白瓷窑场。其窑址在今河北省曲阳涧磁村及东西燕川村，宋代属定州，故有此名。

定窑创烧于唐朝后期。初期的定窑瓷器器形以碗为主，还较为粗糙、简单，正处于向精瓷的过渡阶段。在五代中后期，定窑白瓷出现了一次根本性的变革。所烧瓷器不再施化妆土，胎、釉呈现出精、白、薄的特征。有些器物的白度甚至超过了邢窑的细白瓷器。

北宋是定窑发展的鼎盛时期，制瓷技术有许多创新。定窑原为民窑，但北宋中后期，由于其瓷质精良、色泽淡雅，纹饰秀美，被宋朝政府选为宫廷用瓷，使其身价大增，产品风靡一时。官府所用瓷器底部常刻写"官""尚食局"等字样。在定窑发展的最鼎盛时期，各地出现了大量仿品或改良品种，最常见的有"土定""新定""北定""南定""粉定"等。许多仿品的质量

宋定窑白瓷孩儿枕

甚至不逊于河北曲阳。

宋代定窑生产规模大，品种多。多为碗、盘、瓶、碟、盒和枕，也出产净瓶和海螺等佛前供器，但数量很少，主要是作为贡品进入宫廷。故宫博物院收藏的"定州白瓷孩儿枕"是该窑名品，其造型神态及纹饰的装饰工艺等都属上等，是定窑瓷器的代表作之一。

定窑器物的底足类型，主要有平底与圈足两大类，而其圈足具有与其他窑口器物圈足明显不同的特点，这些特点体现在北宋中期以后覆烧成型的定窑器上，由于覆烧的发明，器物圈足得以裹釉，而将露胎处移至器上，然而裹上釉层的器足在外观上的表现并不那么完美，足面（圈足与地面接触部分）总是显得不够平整，有些地方釉厚，有些地方釉薄，以手抚之，明显地感到凹凸不平。这种现象十分奇怪，但在鉴定中却非常有效，凡北宋定窑圈足器（采用覆烧法，圈足上釉者）均有此特征，在鉴定时往往据此特征。

另外，定窑圈足器之圈足有大小两种类型，大圈足器之足底往往可见竹丝刷痕，刷痕呈同心圆，而小圈足器则无这种现象。但无论大小圈足，足均

宋官窑青釉暗龙纹洗

极浅,足墙均窄,小圈足器挖足不过肩,几乎无钩手现象。

定窑器物,尤其是碗类器物,由于其胎质太薄,大多有些变形,如果是完整器,将器物倒扣于桌面,便很容易看出来。

定窑的胎质薄而轻,胎色白色微黄,较坚致,不太透明。釉呈米色,施釉极薄,可以见胎。唐代定窑白釉成色偏青,在造型曲线转折变化的积釉处,常呈现较明显的青白色。这是区别唐宋定窑白瓷的重要特征。宋代定窑产品以白瓷为主,且全系白胎,白釉颜色偏黄。此外也烧制酱、红、黑等其他名贵品种,如黑瓷(黑定)、紫釉(紫定)、绿釉(绿定)、红釉(红定)等,都是在白瓷胎上,罩上一层高温色釉。这种瓷与白瓷所用胎料完全一样,只是外罩色釉不同的特点,是紫定、黑定、绿定与其他仿品区别的重要标志。元朝刘祁的《归潜志》说,"定州花瓷瓯,颜色天下白"。可见,定窑器在当时不仅深受人们喜爱,而且产量较大。宋代大诗人苏东坡在定州时,曾用"定州花瓷琢红玉"的诗句,来赞美定窑瓷器的绚丽多彩。

宋哥窑盘

宋代定窑瓷器还有一个特征显而易见，即所谓的"泪痕"。这是上釉过程中，釉浆流淌的痕迹，状如垂泪，故称泪痕，又被称为"蜡泪痕"。"泪痕"厚处均有明显的偏黄绿色。无论是正烧，还是覆烧，"泪痕"流向均是自上往下流淌。这一现象仅见于北宋定窑器，唐代定瓷釉薄而洁白，胎釉结合十分紧密，无流釉现象，因此其是鉴定定窑瓷器尤其是宋代定窑瓷器的重要特征。造成这一现象的原因是北宋定窑瓷器所上的釉凝厚而泛黄，釉内气泡大而多，釉层在烧结过程中随器垂挂流淌，形成泪痕。北宋早期，定窑采用正烧，流釉方向自口至底；北宋中期以后，定窑创造了覆烧的技法，流釉方向自底向口。但也有一些特殊情况，如一些定窑白瓷泪痕方向为横向，十分奇怪，形成原因不明，尚待研究。

除"泪痕"以外，在定窑碗、盘类器物的外壁，细密如竹丝的划痕很常见，这些划痕是器物初步成型后旋坯加工时留下的，当然在其他窑口的器物外壁也可见到旋坯痕，但不如定窑的纤细密集，此为鉴定定窑器物的另一个特征。

北宋早期定窑产品口沿有釉，到了晚期，由于叠压覆烧，器物口沿多不

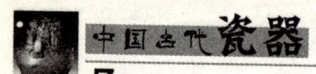

施釉，称为"芒口"，芒口处常常镶金、银、铜质边圈以掩饰芒口缺陷，此为定窑一大特色。

定窑器物釉面通常有气泡。用放大镜观察，可见气泡，一些较大气泡疏散排布于密集小气泡区域的周围，这种现象类似宋代青瓷器的特征。

宋代瓷窑装烧技术最为重要的成就，就是发明了覆烧法和"火照术"，定窑就大量采用覆烧方法，还使用了一种垫圈式组合匣钵。这种烧制方法有很多优点：最大限度地利用空位空间、节省燃料、防止器具变形等，从而降低了成本，大幅度地提高了产量，对南北瓷窑都产生过很大影响，对促进我国制瓷业的发展发挥了重要作用。

定窑瓷器还有其丰富多彩的纹样装饰。装饰技法以白釉印花、白釉刻花和白釉划花为主，还有白釉剔花和金彩描花，纹样秀丽典雅。最精美的纹饰大都集中在盘、碟上，纹饰多者可达四层。每层纹饰富于变化，外圈纹饰多为几何纹或变形莲瓣纹，中心为动物、花卉结合纹饰，充满浮雕感，艺术气息浓郁。

印花是定窑纹饰中最富表现力的一种，在北宋中期就已于北宋晚期成熟起来。最精美的定窑印花大多印在碗盘的内部中心，只有较少器物内外都有纹饰。定窑印花的特点是层次分明，最外圈或中间常用回纹把图案隔开。总体布局线条清晰，形态经巧妙变形，繁而不乱，布局严谨，讲究对称，层次分明，线条清晰，工整素雅，艺术水平很高。

白釉印花定窑瓷器历来被视为陶瓷艺术中的珍品，颇受人们的青睐。定窑印花最常见题材是花卉纹，主要有莲、菊、萱草、牡丹、梅等，花卉纹布局多采用缠枝、折枝等方法，讲求对称。有的碗、盘口沿作花瓣式，碗内印一盛开的花朵，同时在外壁刻上花蒂与花瓣轮廓线。这种把印、刻手法并用于一件器物，里外装饰统一的做法，使器物造型和花纹装饰浑然一体，十分精美。定窑印花还有大量的动物纹饰，主要有牛、鹿、鸳鸯、麒麟、龙凤、狮子和飞龙等。其中飞龙纹一般装饰在盘、碟、碗等卧件的器物中心，祥云围绕，独龙为多，尚未见有对称的双龙纹饰。飞龙身形矫健，昂首腾飞于祥云之间，龙尾与后腿缠绕，龙嘴露齿，欲吞火球，背有鳍，身刻鱼鳞纹，龙须飘动，龙肘有毛，三爪尖利，栩栩如生。而定窑立件上只装饰有变形龙纹，其装饰水平与盘、碟上的龙纹相去甚远。禽鸟纹饰中主要有凤凰、孔雀、鹭鸶、鸳鸯、雁、鸭等，做工精美的飞凤比较少见。

划花是宋代定窑瓷器的另外一种主要装饰技法。通常以篦状工具划出简单花纹，线条刚劲流畅、富于动感。莲瓣纹是定窑器上最常见的划花纹饰。有一花独放、双花并开、莲花荷叶交错而出等多种样式。有的还配有鸭纹，纹饰简洁，富于变化。立件器物的纹饰大都采用划花装饰，刻花的比较少见。早期定窑器物中，有的划花纹饰在莲瓣纹外又加上缠枝菊纹，总体布局显得不太协调，这是由于当时尚处于初级阶段的一种新装饰手法，也给定窑器断代提供了一个依据。

刻花是在划花装饰工艺基础上发展起来的。北宋早期定窑刻花的构图、纹样都不太复杂，重莲瓣纹占多数，装饰有浅浮雕之美。到了北宋中晚期，刻花装饰精美绝伦，独具一格。而且刻花工艺有时还与划花工艺一起运用。如在盘、碗中心部位刻出折枝或缠枝花卉轮廓线，然后在花叶轮廓线内以单齿、双齿、梳篦状工具划刻复线纹。纹饰中较常见的有双花图案，生动自然，有较强的立体感，通常是对称的。定窑刻花器还常常在花果、莲、鸭、云龙等纹饰轮廓线一侧划以细线相衬，这样可以增强纹饰的立体感。

宋室南迁之后，定窑工人一部分到了景德镇，一部分到了吉州。这两处窑址又被称为"南定"。而原来位于定州的老窑则被相应地称为"北定"。在景德镇生产的定窑瓷器，由于其釉色似粉，又称"粉定"。

定窑对我国后世的制瓷业产生了深远的影响：名扬天下的景德镇深受其影响，在元代以后成为中国瓷器的"一枝独秀"；北京龙泉窑、山西平定等形成了定窑系；埃及、欧洲、东南亚的文物遗址中都有定瓷的遗物。

2. 汝窑瓷器

汝窑创烧于北宋晚期，窑址位于今河南省宝丰县清凉寺。由于此地在宋代属汝州，故名汝窑。据徐兢《宣和奉使高丽图经》与叶寘《坦斋笔衡》记载："本朝以定州白瓷器有芒，不堪用，遂命汝州造青窑器。"谁知汝窑烧造成功后没多久，到靖康年间，金兵掳二帝北还而去，汝窑也遭到毁灭性破坏，再没有恢复。目前根据文献记载推测，北宋时期宫廷使用汝窑的时间大约仅在哲宗元祐元年（1086年）至徽宗崇宁五年（1106年）二十年间。

由于烧造时间很短，传世更为少见，在南宋时，汝窑瓷器已经非常稀有。南宋人周煇就对汝窑发出了"近尤难得"的感叹。另一位南宋人叶寘则称"汝窑为魁"。南宋以降，更因传世作品稀少，且釉色独特，后世对于汝窑瓷

北宋　汝窑葵瓣洗

器又有"宋瓷之冠"的美誉。元代以后，特别是明清两代，宫廷汝瓷用器，内库所藏，视若珍宝，甚至可与商彝周鼎比贵。以致民间俗谚有云："纵有家财万贯，不如汝瓷一片。"截至目前，从前代流传下来的汝窑真品更是器形不足百件，目前已知的仅65件，其中台北故宫21件，北京故宫17件，上海博物馆8件，英国戴维中国艺术基金会7件（现藏于大英博物馆），其他散藏于美、日等博物馆和私人收藏手中的还有10件左右。全世界收藏有汝窑瓷器的博物馆还不到十家。

现存汝窑瓷器主要是瓶、尊、盏托、碗、盘、洗、奁、水仙盆等一些日用器物，器形又分裹足、平底、三足、凹足、葵口、窄板沿和宽板沿诸种。盘分有裹足、凹足、平底、直口和荷花口数种。还有三足洗、弦纹尊（奁）、套盒、尊、方壶、圆壶等，以及为数不多的莲花器座、荷叶器座、镂孔器、鸟、龙等瓷塑工艺品。汝窑瓷器的器形一般都较小，盘、洗、碗等口径一般在10～16厘米之间，超过20厘米的极其个别，超过30厘米的几乎没有，故有"汝窑无大器"之说。

汝瓷胎质细腻，胎骨坚硬，叩声如磬。胎土中含有微量铜，迎光照看，微见红色，胎色灰中略带着黄色，俗称"香灰胎"，多见汝州蟒川严和店、大峪东沟汝州文庙、清凉寺等窑址；汝州张公巷汝窑器物，胎呈灰白色，比其他窑口的胎色稍白，是北宋官窑的主要特征。

最让人赞叹的是汝窑瓷器的釉色。汝窑以烧制青瓷闻名，采用了南方越窑的釉色技术，同时又吸收定窑的印花技术，创造了印花青瓷的特殊风格。

汝瓷为宫廷垄断，制器不计成本，以玛瑙入釉。正如南宋周辉在《清波杂志》中所云："汝窑宫中禁烧，内有玛瑙末为釉。"常说的汝窑瓷器釉面

第二章　隋唐五代宋辽金夏瓷器

"青如天、面如玉、晨星稀"三大典型特征均与此有关。

首先，玛瑙末给汝窑瓷器带来了特殊色泽。汝窑瓷器色有卵白、天青、粉青、豆青、虾青，虾青中往往微带黄色，还有葱绿、月白、橘皮纹和天蓝等。以天青、粉青、天蓝色居多，尤以天青为贵，粉青为上，而以天蓝弥足珍贵，有"雨过天晴云破处"之称誉。其中的天青釉色在不同的光照下从不同的角度观察，还会有不同的变化。比如在明媚的光照下，颜色会青中泛黄，恰似雨过天晴后，云开雾散时，澄清的蓝空上泛起的金色阳光。而在光线暗淡的地方，颜色又是青中偏蓝，犹如清澈的湖水。究其原因，正是汝瓷玛瑙入釉而致使釉面产生的不同角度的斜开片和寥若晨星、大小不一的气泡对光照的不同反射而产生的不同效果。故被称为"青如天"。

汝窑瓷器的釉色润泽，釉汁肥润莹亮，釉稍透亮，釉面抚之如绢，温润古朴，多呈乳浊或结晶状。这说明，玛瑙入釉，会使汝釉的玻化程度及釉质的抗腐蚀性均有所下降。釉面因涂施不匀，显得高低不平、欠平整，并有少量气泡和缩釉现象。但是这种半乳浊状的结晶釉对色与光极敏感，青绿釉却能从内反射出红晕。釉稍厚处，有明显的酥油感觉，有如凝脂堆积般将青翠固化，又如腊滴微淌，将玛瑙融化之后而又将其凝固。釉稍薄处，如少女羞涩面现晕红，又如晨曦微露，将薄云微微染红。釉面滋润柔和，纯净如玉，有明显的酥油感觉。抚之如绢，温润古朴，光亮莹润，釉如堆脂，素静典雅、色泽滋润纯正、纹片晶莹多变为其主要特征。视之如碧峰翠色，有似玉非玉之美。故被称为"面如玉"。

汝窑器釉厚，在其胎体的釉层间有一排肉眼可见的大小不一的气泡，这些气泡在光照下时隐时现，似晨星闪烁。在汝窑瓷片的断面，肉眼可见一些稀疏的气泡嵌在釉层的中、下方。用放大镜于釉面上观察，中层的这些气泡，于釉层内呈稀疏的星辰状，大的如星斗。但是，蕴藏在釉层最底下的另一部分气泡，从釉面上则很难看见。这是玛瑙为釉的又一特征。玛瑙的黏度很强，导致釉内与胎体中的空气在烧制过程中无法正常完全溢出，而是较多地被封闭在釉的下层，在焙烧时爆破后未经弥合而自然形成了这些小孔。古人将此称为"晨星稀"。

除了这三个典型特征以外，汝窑瓷器的釉面还有"蝉翼纹、鱼子纹和芝麻花"三个特点。其中前两种纹路是由"开片"现象引起的。所谓"开片"，本来是器物在高温焙烧下，由于胎、釉膨胀系数不一致而产生的一种

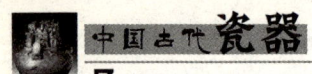

釉表缺陷，行话叫"崩釉"。汝窑的艺术匠师将这种无意识产生的、难以控制的、千变万化的釉病，通过人为转换为一种有意识而又保持自然美妙的装饰，最让人称道的是能将其控制得恰到好处，堪称巧夺天工的绝活。汝瓷釉面开片较细密，多呈斜裂开片，深浅相互交织叠错，给人以排列有序的层次感。

蝉翼纹，前人称为"蟹爪纹"。这一方面是说汝瓷"汁中棕眼隐若蟹爪"，亦即釉面上因气泡破裂而产生的棕眼犹如螃蟹走过沙滩而留下的蟹爪印。另一方面是形容瓷器表面开片的有长有短，没有顺序，呈不规则交错，犹如蟹爪。这后一方面的称谓源于创始于宋初的国画技法中画枯树法的一种，就叫作"蟹爪"技法。用"蟹爪"来形容瓷器开片的主次、走向最简单不过，但又有不足，因为它只形容了开片的主次及走向，却无法形容汝瓷釉面中的斜开片。因而有人又用"鱼鳞纹"或者"冰裂纹"来形容。考虑到这些比喻都是只抓住了一点而没有顾及其余，故后来又改称"蝉翼纹"，这一比喻既包含了蟹爪纹又包含了鱼鳞纹或冰裂纹，是形容汝瓷釉面最形象的比喻。

对鱼子纹的解释，一般认为是釉面细小的开片细若鱼子，如许之衡《饮流斋说瓷》中写道："汝窑……有铜骨鱼子者。"但还有一种说法认为，这指的是在汝瓷釉面上有片状泛起的红、黄斑色块。其异于汝瓷天青釉面的色块，好像鱼子飘浮在水面上。

芝麻花的产生另有原因。宋代宫廷专用的汝窑器物一般均采用满釉支烧，为了避免窑炉内杂质的污染，需用匣钵装好，并将器物用垫圈和支钉垫起，以防止与匣钵粘连。汝窑器物底部的钉痕细小而规整，大部分如芝麻粒那么大，也就是高濂的《遵生八笺》所说的汝窑"底有芝麻细小挣针"。这是其他瓷窑所少有的。从现存器物和残片来分析，张公巷的器物呈圆形支钉。蟒川严和店、大峪东沟一带汝窑器多无支钉痕，个别碗、套盒、凹足钵、洗、器盖等用垫饼支烧工艺。

少数汝瓷还有堆花、印花等装饰，底部更有青花年号款，多是用刀笔刻画，或用印花、模印等工艺。如：天青花草纹鹅颈瓶、粉青覆莲盏托、天青莲花瓣深腹盂、天青牡丹花龙纹钵、莲花纹钵、辐射纹荷叶器座、辐射纹敛口花钵（藏于河南省）、暗花双鱼盘（藏于英国）。也有的用花、鸟、虫、鱼装饰来满足皇亲贵族们的闲情逸趣。另外，在传世品的个别器物上还出现有文字。如："奉华"二字多见于尊、瓶、碟之上。"蔡丙""宁"则是见于小碟与洗上。文字虽不是装饰，但仍提高了对器物的鉴赏意趣。其中"奉华"应是宋奉华宫的专用物，而"蔡"字则是重臣蔡京所做的标记。

汝瓷的出现，使北方青瓷的烧造技术超过了以前南方所有的青瓷，成为全国之冠。但由于文献记载不详，遗址出土甚少，汝官窑的窑口究竟在何处始终众说纷纭。自20世纪50年代开始，新中国的考古人员为了寻找汝窑付出了不懈努力，直到1986年才在河南省宝丰县清凉寺村找到了为北宋宫廷烧造御用汝瓷的窑口。从1987年开始，由河南文物考古研究所对这里进行了试掘，到目前为止已进行了五次发掘，发掘品中除了传原世品中相同的完整器和碎片外，还出土了一些传世品中见不到的新器形，如镂空香炉等，获得了一批重要的实物资料，为传世汝窑器的鉴定与鉴赏提供了可行的实物依据及新资料。特别是1986年发现的一件完整的汝窑天蓝釉刻花鹅颈瓶，是目前存世汝窑瓷器中唯一一件来自考古发掘的器物，现存于河南省博物院。

知识链接

汝窑窑址发现记

北宋灭亡后，金人入主中原，汝窑窑工南迁，窑区荒废。数百年来，寻访汝窑遗址成为历代陶瓷研究者和考古工作者的一大夙愿。汝窑遗址的发现前后历经半个世纪。新中国的三代陶瓷和考古工作者更是为此付出了大量的心血和汗水。

据说最早来到是日本人，传说日本侵华期间，一些日本人就来到宝丰县搜集瓷片。之后是1950年，故宫博物院陶瓷专家陈万里等根据宋代文献中汝州的地理范围，首次来到宝丰考察，但并未确切寻获窑址。

20世纪60年代，陶瓷专家叶喆民、冯先铭对宝丰进行了考察，也未发现"典型"的汝窑瓷片。"文革"期间，对汝窑的寻找和考察基本中断。

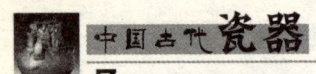

1977年，叶喆民再次对宝丰进行考察，在清凉寺河沟中发现大量瓷片堆积层，其中寻找到一片至关重要的"典型汝窑"瓷片，经检验，该瓷片与故宫博物院所藏汝窑成分相同，但这个重要发现并未引起广泛重视。1985至1986年，叶喆民在参加"中国古陶瓷研究年会""日本京都同志社大学演讲"等活动时，再次发布宝丰地区发现的瓷片与馆藏汝窑相近的观点，引起广泛讨论。

　　几乎就在同时，一群年轻的考古工作者徒步沿清凉寺到段店进行考察，10多公里范围内竟发现有数十座窑址，但是却并未发现汝窑遗址的任何线索。

　　1985年，附近村民无意中挖出一件瓷器。这件事被当地陶瓷厂工人王留现听说，他赶去查看，原来是一只盘子（洗），这个盘子有着奇怪的釉色，王当即拿出600块钱买下盘子，并拿到上海博物馆与馆藏汝窑对照鉴别，之后经上海博物馆劝说，王将该盘子捐献给了国家。1987年5月，上海博物馆依据他们在清凉寺采集到的同传世汝窑器完全相同的46块碎瓷片，和王留现捐献的汝瓷洗，首次向世人宣布了汝窑窑址就在今天的宝丰县，引起轰动。

　　1987至1988年，河南省文物考古研究所对宝丰县清凉寺村进行持续挖掘，挖掘出大量可修复的瓷片，但这些瓷片仍为民窑瓷片，不是"典型汝窑"瓷片。本以为结合前期的发现，集中大量人力物力，这次一定能找到汝窑的烧造区，可是费了2年的周折之后，仍无所获，寻找再次停滞，这一停，就是整整10年。

　　1998年，考古队再次开始了挖掘。与此同时，清凉寺一个村民也在家挖地窖时，挖出了一些瓷片，报告了考古队。考古队获得申请后，在村子的便道和院内进行了试探性挖掘，在不到70平方米的区域内，挖掘出数千片天青釉汝窑碎片，可以复原的器物20余件，瓷片堆积层厚达10厘米且全部是天青釉瓷片，瓷片性质单一纯正，同时还有匣子、支钉、垫圈、试火片等烧制工具出土。尘封了700年的秘密即将由他们揭开。

2000年6月，经过搬迁村民和大规模挖掘，汝窑的核心烧造区终于完全重见天日。此次发掘共发现窑炉15座、作坊2座、澄泥池2个、釉料坑2个，探定面积为15万平方米，几乎囊括了整个清凉寺村，发掘出来的瓷片，无论釉色、器形和烧造方式均能和馆藏汝窑相对应。

至此，让世人魂牵梦萦了七百年的汝窑窑址，终于完完整整展现在世人面前。那些文献记载中未见的烧造技术问题，也逐渐得到破解，汝窑的仿制慢慢变成可能。

3. 官窑瓷器

两宋官窑是由宋代官府直接营建的窑厂，其产品专供宫廷使用，故以宫廷生活用瓷与陈设瓷为主。品种多种多样流传至今的有碗、盘、碟、盏托、洗、瓶、炉、尊等。以瓶为例，有弦纹瓶、直颈瓶、瓜棱瓶、贯耳瓶、胆式瓶、八方瓶、盘口瓶等，造型各有特点。官窑瓷器虽然在宋代瓷器中只占极少数，但是由于其所处地位和具备的优越条件，使它在当时烧造了一批高档的精品瓷器。两宋官窑瓷器存世量稀少，精美绝伦，极为宝贵。其传世品今多收藏于北京故宫博物院、台湾故宫博物院，还有少数的精美作品已于早年流失国外。

两宋官窑有北宋官窑、南宋官窑之分。

据宋顾文荐《负暄杂录》"宣政间京师自置窑烧造，名曰官窑"的记载可知，北宋后期大观、政和年间曾在汴京（今河南开封）设官窑，称"汴京官窑"，亦称"北宋官窑"。但有的学者认为，北宋官窑有两个，一个设在汝州，一个设在钧州，故称汝窑和钧窑。有人认为根本就没有汴京官窑，明以前的官窑并不是官办御窑场，而是由有朝廷遣官到钦定的窑场监烧，有旨则供，无令则止。不过，因为宋代汴京城已深埋在地下，故其窑址至今尚未发现，这无疑是一个遗憾。

从仅有的几十件经过确认的传世北宋官窑瓷器来看，北宋汴京官窑以青

宋官窑瓷器

瓷名世，与汝窑的烧造差不多同出一地，在创烧时间上几乎是先后衔接的，且同为皇家的专用窑，因此其形制、胎质、釉色、工艺与汝窑有共同之处，可以看到二者之间的承接和发展，甚至有人据此认为汝窑就是汴京官窑。但仔细考察存世器物，还是可以发现二者是有一些差别的。

北宋官窑与汝窑一样，罕见大件器物，今天我们可见的传世品一般都是小件。但北宋官窑器形多数是仿古代青铜器而制作，如长颈瓶、贯耳瓶、贯耳尊、兽耳炉等。尽管在造型上比起汝窑要多些，但总体而言种类仍然不多，主要有盘、碗、瓶、洗、壶、炉、尊和一些文房用具之类。

北宋官窑的胎骨与汝窑相似，但较汝窑器要薄些，胎质细腻，坚实致密。胎色一般作灰白色，也有粉白、深灰的。由于胎质中含铁成分比汝窑要高，因此北宋官窑器也有一些呈紫灰色或紫褐色胎体的器物。

北宋官窑的施釉较厚，釉质精细均匀，釉面光润，成乳浊状，有玉质感，施釉后略有流淌。由于烧造温度高于汝窑，故釉面的玻璃质感较汝窑要稍强一些。釉色以天青色和淡雅的青绿色为上品，尚有粉青、翠青和月白等多种。釉面上都有较稀疏的大开片，开片为浅黄色，是这个窑口所特有的。为了使釉面成色更加美观，胎釉结合更加牢固，在施釉前，常在胎骨上先刷上一层深酱色的护胎釉。凡刷护胎釉的，烧成后，底足露胎处就显出酱黑色，而口沿处由于流釉缘故也呈现出浅紫色，这就是我们通常所说的"紫口铁足"。这是北宋官窑的一大特点。这一方法也一直延续到南宋官窑。

北宋官窑的装饰与汝窑相仿，圆器以釉色为美，大多数是素面无纹的；立器多有凹下或凸起的弦纹或边棱。

北宋官窑器一般都用正烧法，以平直圈足露胎者为多，少量是满釉裹足用支钉支烧的。其支钉与汝窑的芝麻粒状不同，呈圆形的小米粒状，支钉数量也较汝窑器多，3、4、5、6枚都有，既有单数也有双数。

故宫博物院收藏的官窑圆洗中，洗身近直微外撇，平底，里外满釉裹足支烧，底有支钉痕，造型、釉色与汝瓷相近，装烧工艺亦与汝窑支烧法相同，应该是北宋汴京官窑制品。

南宋官窑是宋高宗南迁以后在临安（今杭州）设立的。最初是提举邵成章在殿中省修内司按北宋旧制度在凤凰山下设立，称为内窑；后来又在郊坛建立新官窑，称"郊坛官窑"。据史料记载，修内司窑窑址在杭州凤凰山下，但至今尚未发现。郊坛窑窑址在杭州市南郊乌龟山一带，已被部分发掘。由于修内司窑窑址和哥窑窑址都未发现，二者器物特征也相似，且故宫中收藏的传世哥窑瓷器造型又正是按宫廷需要设计的，故有的学者认为修内司窑其实就是传世哥窑。

南宋官窑瓷器的造型、品种多种多样，以陈设用瓷为主，有文房用具，也有日用器皿及装饰瓷，如尊、壶、琮、炉、瓶、碗、盘、碟、洗等，样样都有。器形多的仿自周、汉古制的青铜器形或玉器形的陈设瓷和观赏瓷。造型严谨肃穆，古风朴朴，又配以"紫口铁足"更显得风韵别致、古色古香。同北宋官窑器一样，南宋官窑器也以小型器为多见，体积不大。但是它所表现的气度，却仍然不可漠视。如故宫博物院收藏的官窑弦纹瓶，洗口，长颈，硕圆腹，圈足，颈至腹部凸起弦纹数周，圈足两侧有对称的横孔，古朴端庄，为仿汉铜壶的式样。

在工艺上，南宋官窑青瓷器是北宋汴京官窑的延续。其形制、胎、釉和支烧工艺都与北宋汝、官窑青瓷特点相类，被称为"袭故宫遗制"。

早期的南宋官窑青瓷产品具有如下特征：胎薄质细，色黑褐、深灰或红褐色。以黑褐色占多数。釉色主要为粉青色，依色谱的颜色分，是非常浅的蓝绿色，但也有以灰色、绿色、黄绿色为主的。具有良好的乳浊性和釉层丰厚的多次釉，在质感上追求璞玉的效果。由于釉层极厚，故有"厚釉薄胎"

之说。由于黑胎上釉后，口部及凸棱部位釉向下流，因而造成口棱部釉薄，而显现了胎色的现象，这就是"紫口"；最下方圈足部分又呈现黑铁色，被称为"铁足"。器表多有纹片，有大小开片，亦称文武片。纹片有疏有密，有深有浅，以冰裂纹等大纹层为主，所谓"冰裂纹"者，如同冰糖、云母一般，层层而下，多角形的开片，显白色的纹路，较为特殊。盘、洗等器一般都以支钉装烧，唯支钉较汝窑大且粗，数目甚至多达二十枚。

晚期南宋官窑青瓷的烧造为了追求玉石质感，有意改变了制瓷工艺，创用素烧胎多次上釉二次烧成的厚釉工艺，制出了薄胎厚釉青瓷，釉质如玉石般光亮莹润，釉面上显露横竖交织的蟹爪纹片或层层叠错的冰裂纹片，奥妙无穷。厚釉工艺的具体做法是先低温素烧坯，后施三至四道釉，釉厚如堆脂，再经高温成器，一般釉层厚在 2 毫米以上。由于厚釉极易粘接支烧工具，造成废品，因而推动了装烧工艺的改良，变满釉支钉装烧为刮釉垫饼装烧，即将碗、盘、洗、瓶等圈足器的底端釉刮掉露胎，以垫饼垫烧。虽然底部留下一道无釉的痕迹，但由于青瓷胎料中含铁量高达 3.5%~5%，在烧制过程中形成了一层铁质护胎浆，致使制品的口缘釉薄处露灰或灰紫色，圈足底端刮釉露胎处呈黑褐或深灰色，成为另外一种"紫口铁足"的特征，更富特色。

故宫博物院藏品中的一件官窑圆洗，口沿部位青釉微泛紫色，通体粉青釉纯正莹澈，满布冰裂纹片，宽圈足垫烧，是南宋郊坛官窑的晚期"紫口铁足"的作品。此洗备受清代皇室赏识，器底刻有乾隆御题诗。

南宋官窑开始于绍兴十三年，连续生产了一百三四十年。它既保留了北宋汴京官窑瓷、河南汝官窑瓷等北方名窑的造型端庄简朴、釉质浑厚的特点，又吸收了南方越窑、龙泉窑等名窑的薄胎厚釉、釉面莹澈、造型精巧之精华。它通过细致纯熟的北艺南技的结合，将流畅简练的造型和精光内蕴的釉色和谐统一在一起，创造了我国青瓷史上的顶峰，代表着八百年前中国瓷器生产的最高水平，也是南宋时期发达的科技文化的真实写照。

南宋官窑青瓷最为人称道的不是它的装饰，而在它本身如玉般的、庄重的、典雅的、神秘的自然美。在艺术风格上以釉色取胜，以造型见长，以纹片著称，这些制品反映出东方民族淳厚朴实、崇高古雅的独特艺术风格，而且对世界文化艺术方面也是一个伟大的卓越的贡献。这也为中国奠定了制瓷王国的美名，千年以来，南宋被赞誉为宋瓷艺术性最高的时代。

南宋官窑瓷产量本来有限，加之南宋王朝覆灭之后，官窑被毁，工匠失散，技艺失传，故传世珍品甚少。

除了宋代官窑之外，辽代、明代等皆有官窑。由于官窑产品必须符合皇家的审美观，这在客观上限制了陶瓷工匠的艺术发展，清乾隆之后，官窑产品也就逐渐没落了。

4. 哥窑瓷器

据传宋代浙江龙泉县（时属处州）有一位很出名的制瓷艺人，姓章，名村根，因擅长制青瓷而闻名遐迩。他有两个儿子章生一、章生二。兄弟俩自小随父学艺，各有绝技在身。章村根去世后，兄弟分家，章生一在龙泉琉田创建瓷窑，即哥窑；章生二在龙泉也有瓷窑，叫弟窑。兄弟俩都烧造青瓷，各有成就。但老大章生一厚道、肯学、吃苦，深得其父真传，烧造技术比弟弟高明，烧出了"紫口铁足"的青瓷，一时名满天下，其作品传至皇宫，龙颜大悦，钦定指名要章生一为皇室烧造青瓷。弟弟也烧造这种瓷器，但质量总是比不上哥哥。

哥哥的成就招致弟弟的嫉恨。为破坏哥哥的声誉，弟弟就偷偷地在哥哥配好的釉料中添加了许多草木灰（一说是黏土），对此事哥哥全无察觉。烧成后一开窑，哥哥惊呆了，满窑的瓷器表面的釉面全都开裂了，裂纹有大有小，有长有短，有粗有细，有曲有直，且形状各异，有的像鱼子，有的像柳叶，有的像冰裂，有的像蟹爪。他欲哭无泪，痛定思痛之后，他重新振作精神，泡了一杯茶，把浓浓的茶水涂在瓷器上，裂纹马上变成茶色线条，又把墨汁涂上去，裂纹立即变成黑色线条。他把这批"烧坏"的瓷器拿到市场去处理，没想到一到市场，人们对这种带有裂纹的青釉瓷产生极大兴趣，一抢而空，哥窑由此而闻名天下。那些裂纹处的线条，有黄色的，黑色的，被人们称为"金丝铁线"。

传说终归是传说。作为五大名窑

传世哥窑瓷器

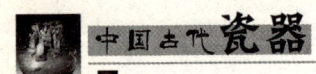

之一的哥窑，迄今未找到确切窑址。文献资料留给我们的线索只是一鳞半爪，零零碎碎，有的还互相矛盾，因此到目前仍无法揭开层层面纱，以看到它的真实面目。数十年来，与哥窑相关的考古实物资料也在不断增多，并且也依据这些实物资料解决了一些悬而未决的问题，但这些实物资料以及由此而得出的结论往往与文献记述无法对应，有些甚至南辕北辙。但无论如何，哥窑由来的传说都暗示了哥窑和龙泉窑之间存在着极为密切的联系。

从前，被视为"传世哥窑"的器物均为黑胎开片，紫口铁足，但其釉色多为炒米黄，亦有灰青；纹线为黑黄相间，符合"金丝铁线"的特点；用支钉支烧。此类器物仅故宫博物院、上海博物馆、台湾故宫博物院等有少量收藏。1996年9月，在杭州老虎洞发现了宋元时期瓷窑遗址。杭州市文物考古研究所于1998年5月至12月和1999年10月至2001年3月分两次对该窑址进行了大规模发掘。获取大量器物残件、瓷片和窑具。经深入研究，一些专家学者认为，宋代地层中的遗物很可能就是文献所指的南宋早期"修内司官窑"，而元代地层中的遗物竟与"传世哥窑"相同。可以明显看出，后者是仿造前者的，所以"传世哥窑"的实质是南宋灭亡后仿造的产品。由此我们可以基本确定，"传世哥窑"并不是宋代五大名窑中的哥窑，而实际上是元代的产物。

此外，根据文献提供的线索，人们在浙江龙泉的大窑和溪口找到了生产类似器物的窑址。其产品为黑胎开片，釉色以粉青和灰青为主，单色纹线，应为入土所致，用垫饼垫烧。上述特征及烧造年代均与文献所述完全相符。这种类型的瓷器一度被称为"龙泉哥窑"。人们对这种"龙泉哥窑"和杭州南宋郊坛下官窑器物进行了深入的对比研究，发现两者无论从窑炉结构、制瓷工艺、烧造方法还是产品的胎、釉、器形等均基本一致。在等级森严的封建王朝，哥窑作为民窑，生产与官窑相同的产品是不可能的，即使仿造一件御器也要充军杀头的。因此所谓"龙泉哥窑"似乎应称为"龙泉官窑"。

这样看来，哥窑好像并不存在于宋代，哥窑在文献中的相关记述是以讹传讹。然而，经过仔细研究和分析，就会发觉事情并非如此简单，其关键在于"龙泉官窑"和杭州郊坛下官窑孰先孰后的问题并未真正得到解决。如果认为是由于杭州郊坛官窑不能满足朝廷之需，再在龙泉烧造以充不足，那么很自然地要预设为"杭州郊坛下官窑早于龙泉官窑"。

但从当时的历史条件和情理上分析，完全可能存在另一种事实——南渡之初，在皇帝没有安定下来的十余年中，没有精力管理南渡窑工，他们或者跟着朝廷四处奔走,,或者不得不自谋出路。在这种情境下，当时制瓷业已相当出名的龙泉自然成为他们的首选去处。在这十余年中，他们与当地窑工一起，融合了南北制瓷技艺，用当地的原料、燃料、窑炉和烧造方法，烧制出一种类似汝窑胎骨的，器形与汝窑产品相似的，但釉层与汝窑明显有别的黑胎开片瓷，并逐渐在上流社会和文人雅士中产生影响，打造出一种名为"哥窑"的品牌。这期间，皇室贵族用瓷或许也取之于此，但其性质并非官窑而应属于民窑。待朝廷安定，将这类瓷器定为官窑瓷，然后召集窑工到杭州，筑窑烧制，确定为南宋官窑。如果这一假设成立，那么宋代哥窑的存在就是可能的，自然也就需要预设的前提为"龙泉官窑早于杭州郊坛官窑"。

但不管要证实哪一种猜想，都还需足够的证据。相信随着考古发掘资料的不断完善和科学测试手段的不断完备，哥窑问题最终能得到彻底解决。

虽然哥窑还很神秘，但多数收藏者都认可其名称和特征，到今天亦是如此。哥窑瓷器非常珍贵，据统计，目前收藏界公认的哥窑瓷器在全世界大约有一百余件。这些瓷器一般少花纹，无年款，并具有如下一些特征：

宋代哥窑器有瓷胎和砂胎两种，胎质坚细，胎色有黑灰、深灰、杏黄、浅灰等。瓷器口沿尖窄，厚釉在瓷器口沿不能存留，垂釉多在口沿边稍下处形成略微凸出之环形带，哥窑器坯体大都是紫黑色或棕黄色，器皿口部边缘釉薄处由于隐纹露出胎色而呈黄褐色。底足也颇为特别，其圈足底边狭窄平整，非宽厚凹凸，足之内墙深长，足之外墙浅短，难以用手指提拿起来。同时在底足未挂釉处呈现铁黑色，故有"紫口铁足"之说。

釉色方面，哥窑釉属无光釉，即不光洁，且深浊不清透。釉面沉厚、细腻、莹润，有如"酥油"般的光泽，色调丰富多彩，有米黄、粉青、灰黄、粉青、灰青、油灰、奶白诸色。因窑变作用，釉色多显两种或两种以上的色泽，非人为主观意志所为。

哥窑釉面有网状开片，迸裂大小不一，或疏落或密匝，大者重叠，小者细密，犹如冰裂。裂口密而不疏，曲而不直，以"金丝铁线"为典型，大纹为"铁线"，有的显蓝，大纹中套的小纹为"金丝"，有的不一定显金黄。整体看来，就是较粗疏的黑色裂纹交织着细密的红、黄色裂纹，二者互相交织，因而被名之为"金丝""铁线"。

哥窑的器物大部分釉层厚，不均匀，足底最厚，可达4毫米。釉内含有

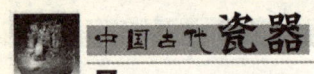

气泡，如珠隐现。小的气泡细密犹如颗颗小水珠一样，满布在器表上，被称为"攒珠"。比"攒珠"稍大一点的"聚球"，比攒珠的数量要少得多，一般呈圈形排列在器物之内壁，像一个很厚的环。大小不同的两种气泡十分整齐地排列在一起，并称为"攒珠聚球"。

知识链接

看气泡鉴古瓷

瓷器的釉中常见气泡，这是很常见的。有的气泡十分明显，用肉眼就能看到；有的不明显或极小，需要借助高倍放大镜才能观察得到。

观察气泡是作为鉴定古代瓷器的依据之一。如不同时代、不同窑口、不同燃料和温度烧成的瓷器，釉下气泡的大小、组合形态都不同，用它可以作为断代和区分窑口的依据之一。

气泡是釉中的水分子变来的。在烧制瓷器时，高温会使釉层中的结晶水或液态水变成气体，当釉层厚时，气态水分子被釉膜包住释放不出来，故而形成釉下的气泡。

在釉层薄到一定程度时，气泡就会冲破釉层，形成麻点，可以看见许多小坑。釉中水分子多，气泡亦多；釉中水分子少，气泡亦少。如果釉中不含水分，釉下可能就没有气泡。

每个朝代各窑口釉的配方和工艺不同，器物釉下气泡的情况也不相同。这正好为鉴定古瓷提供了一种有利条件。

5. 钧窑瓷器

钧窑的产地在河南省的禹县，禹县于北宋时名为阳翟县，金大定二十四年更名为钧州，钧窑之名由此而得，亦名"钧州窑"。也正是因为这一名称，

第二章 隋唐五代宋辽金夏瓷器

过去一般认为钧窑始烧于金代。1974—1975年,河南省博物馆的从业人员在禹县钧台窑址的发掘中,出土了大量的钧窑瓷器的散片,从这些标本的造型来判断,它们具有鲜明的北宋时代特征。该窑址同时还伴出用钧瓷泥制的"宣和元宝"钱模,这一重要的发现证明,钧窑瓷器鼎盛于宋徽宗时期,从而证明其始烧于金代的立论是错误的。

根据目前掌握的资料可以断定,钧窑境内有窑址近一百处,中心在禹县之钧台、八挂洞,以及神后镇等处,以小白峪历史最早,创烧于唐代。当时已出现"花瓷"或称"花釉",即黑釉带斑点的器物,突破了一件作品一种釉色的传统规律。虽然唐代花釉仅仅局限于黑釉器物之上,但却对宋代紫红斑点装饰有直接影响。到了宋代,这种复色釉的技艺已渗入到青釉制瓷工艺之中,这一突破乃钧窑制瓷匠师们对我国古代制瓷工艺所作出的重大贡献。

宋代钧窑规模扩大,产量剧增,形成了特色,黄河流域不少制瓷窑场群相仿制。钧瓷的别致,自然也很快为统治者所看中,并在宋徽宗期间被皇室选为贡品烧造之地,成为一大窑场,其中以扒村窑质量为最好。当时的钧窑主要烧制洗、炉、尊、钵、奁、碗、盘等器形,大小均有,主要供宫中陈设和文房使用,均按宫廷制样进行生产。特别是到了北宋后期,钧窑专为宫廷烧制供养植奇花异草用的各式花盆与盆托,成为钧窑最具代表性的器物之一。

钧瓷玫瑰紫釉尊

考古人员发掘出很多这类器物,底部刻有数字,器物尺寸越大的,数字越小。

宋代钧窑瓷胎质不甚细密,甚至略显粗糙,胎体较厚,较为沉重,胎色多为灰色或紫褐色,也有灰白、浅黄等色。

北宋时期钧窑所产器物独有的"钧釉"使钧窑之闻名于世。钧釉呈蓝色乳光,属于一种乳浊釉,其好处是可以遮蔽胎色,一般较厚,最厚处甚至可达7~8毫米。钧釉青中泛红,基本色调有天青、天蓝、月白等多种,古人美其名曰"雨过天青""月白清风"。钧瓷釉的调配技法相当独特,宋代的工匠们还首创了高温铜红釉,即在釉中加入适当的铜,烧成一种紫红色釉,美如晚霞。因色泽不同又有朱砂红、胭脂红、海棠红、鸡血红、茄皮紫、玫瑰紫、梅子青、深紫、米色、天蓝、葱翠青等名称,以胭脂红为最美。有的作品更是将底色的天青与玫瑰紫、海棠红交接在一起,给人以变幻无穷的色彩美。不少人往往借用唐人诗句:"夕阳紫翠忽成风"来形容它,一点也不过分。故宫博物院收藏的"宋钧窑尊",其口沿内施天青釉,器外则是大青、玫瑰紫和海棠红交融在一起,釉色美如朝晖晚霞,极尽绚丽璀璨之致。

钧窑瓷器在入窑前是一个颜色,出窑后又是一个颜色,这是经过高温后金属离子所致。不过这种铜红的烧成难度较大,而且铜的含量多少,会影响到呈色的效果。此外,铜红对窑温和烧成气氛也十分敏感,它必须以还原焰在1 250℃以上的高温下,而且烧成气氛控制得当,才能出现美丽的红色,若

钧窑瓷盏

稍有偏离，色泽就会随之而产生变化；至于紫色则是青釉与铜红釉互相融合的产物。钧窑复色釉瓷器的烧成，不仅使宋代的青瓷色彩尽态极妍，它所产生的变幻无穷的色彩美，为宋代的官窑青瓷又开辟了一个新的美学境界。

宋代钧窑还创造了一种窑变釉：器面各色釉相互熔合、流淌，千变万化。这是在一种底色釉料上有意洒上其他色釉料，经高温烧成的极其美丽的非人力所能控制、预期的变幻莫测的多色混色釉。蓝色乳光青中泛红的钧釉、红釉（钧红）、窑变釉，是钧窑釉的特征，也是其成就。有时几种釉，主要是钧釉和钧红又同时施用，这种钧瓷更为名贵。

钧窑器物不注重纹饰和胎本身，但其"蚯蚓走泥纹"很著名。但这不是人为装饰，而是在烧制中，胎、釉自然变化形成的。本来，钧窑瓷器和汝、官、哥窑瓷器一样，也是一种厚釉器物，因此一样存在开片。不过钧窑瓷器都经过素烧，也就是为了避免瓷坯在高温烧造时破裂和变形，先以较低温度烧一次，以固定坯体。但它有时会促成釉层在烧窑过程中，于低温中发生裂纹。随着温度逐渐烧高，黏度较低部分的釉流入并填补裂纹造成的空隙，就形成了这样一种与底色不同的、如眼泪流淌般不规则流动状的细线，盘曲蜿蜒，又如蚯蚓在泥土中爬动的走泥状，故称"蚯蚓走泥纹"。早期的纹路细如牛毛，盛期则多为离合状态的条纹，粗如滴露。钧窑器物所出现的这种具有流动感的纹路为器物平添了一种特殊的美，在当时也为人们所欣赏。它作为钧窑瓷器的一个特征，由此也成为文物界鉴定钧窑器物的一点线索。

两宋八大民窑

所谓"八大民窑"，包括北方地区的定窑白瓷系、耀州窑青釉刻花瓷系、钧窑窑变釉瓷系和磁州窑白地绘黑花瓷系，以及南方地区的越窑青瓷系、龙泉窑青釉系、建阳窑黑釉瓷系和景德镇窑青白瓷系。定窑和钧窑已经在上面谈过，下面分别介绍其他六大窑系。

1. 耀州窑

耀州窑的窑址分布在陈炉镇、立地坡、上店等处，古属耀州，故称耀州窑。它最早始于晋，发展于唐，成熟于五代，盛于宋，于元明时衰落。据研究耀州窑的重要资料——宋元丰（七年）的德应侯碑记载，宋代此地"居人

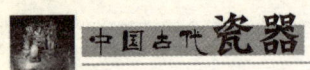

以陶器为利，赖以谋生"，瓷器"巧如范金，精比琢玉"，造瓷"始合土为坯，转轮就制，方圆大小，皆中规矩，然后纳诸窑，灼以火。烈焰中发，青烟外飞，锻炼累日，赫然乃成。击其声，铿铿如也；视其色，温温如也"。考古发掘证明，唐代耀州窑，已开始成为具有一定规模的大型瓷窑。到北宋时，耀州窑又得到了更大的发展，烧制出了相当精美的青釉瓷。耀州窑还曾于神宗元丰（1078—1085年）至徽宗崇宁（1102—1106年）的三十来年间为朝廷烧制贡瓷，达到鼎盛时期。在有些方面，耀州窑甚至超过了宋代汝、官、哥、定、钧五大名窑的瓷器，在当时北方的青瓷窑场中最负盛名，堪称翘楚。究其原因，主要是因为它广汲各窑之长，并具有极为便利的水陆交通、充足的燃料以及优质的瓷土等优越条件。

耀州窑的产品有青瓷、三彩、白釉、黑釉和酱色釉瓷等，以日用器物为主，其中青花瓷著称于世。

耀州窑青瓷产品的特征是：器形丰富，盘、碗、杯、碟、瓶、壶、罐、炉、盒、香薰、注壶、注碗、盏、盏托、温碗注子、钵、灯、枕等均有，也有少量的粉盒、印盒、瓷塑等闺阁文房器物。器物造型多变，一般制作得比较规整、精巧，有花瓣式、瓜棱式和多折式，外形美观。其中力士炉颇具特色，炉身底座四周跪有力士。

胎薄质坚，胎色灰白或深灰，露胎处呈现酱黄色。器物足端无釉，足内有釉。釉面光润匀净，釉层肥厚，往往上部厚，下部薄，呈半透明状；色泽青幽、深沉、十分淡雅；釉色青绿，微显黄色，器物胎釉交接处呈姜黄色。

此外，因当时施釉工艺尚有不足，故器物背面接近足部及底部经常出现漏施釉的情况。这些漏釉的露胎处，呈现出一些酱色的氧化铁所致的露胎褐斑，为其他青瓷所不见。在其下部釉薄处，隐隐有淡褐色，这是由于胎土中铁的含量较高造成的。

耀州窑有着高超的花纹装饰工艺和丰富的装饰题材。装

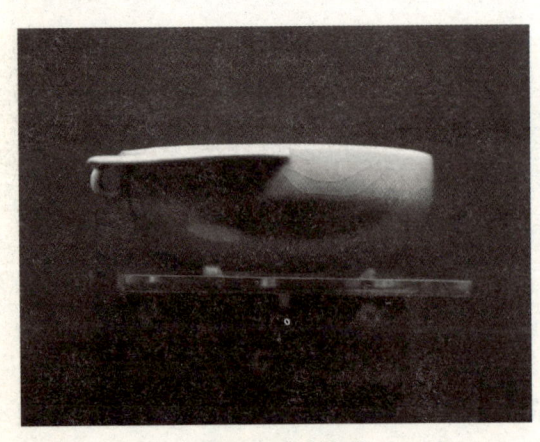

耀州窑青瓷笔洗

第二章　隋唐五代宋辽金夏瓷器

饰技法主要是刻花、印花、划花以及模印刻花相间，以刻花、印花为主。纹饰多满布器内外，结构严谨丰满，线条自由流畅。此种技法继承了唐代的传统技艺，创于北宋初期，受到越窑的影响而发展起来。北宋初期刻花纹一般都显得比较简单、草率。北宋中期刻花发展成熟，刀法犀利，线条刚劲有力，刀痕有斜度，是宋代刻花技法中最优秀者。刻花刀法熟练，刀锋圆活，犀利有力，主次分明。主花纹的纹路深，陪衬部分浅，且有斜度，层次感强，有浮雕的艺术效果。

耀州窑青釉倒装壶

印花纹饰出现的年代要晚于刻花纹饰，北宋中期才出现，并成熟于晚期。它是用特别的模子在盘、碗、洗等器物的内壁压印成各种花纹，然后再径烧制而成。所印花纹图案微微凸起，略高于胎面，立体感较强，具有半浮雕的效果。北宋晚期的印花十分精美，纹饰清晰，布局繁复，完整严谨，对称均衡，讲求章法。纹饰种类繁复，风格粗放健美，生动自然，有缠枝莲、把莲、菊花、牡丹、缠枝菊、波浪、飞鹤、鸳鸯、麒麟、飞蛾、海水游鱼、莲塘戏鸭和婴戏图案等，还有宫廷瓷器专用的龙凤纹，达百余种之多。水波纹外一般刻以六角形边线，水波中三鱼多见。婴戏图案则以荡秋千为主。宋代花纹装饰的特点是，早期于器面刻划简单的花瓣纹；中期则花纹满布器面；到了晚期花纹线条大多纤巧。

有一件耀州窑"青釉刻花倒装壶"被誉为"华夏第一壶"。这件宋代刻花青瓷倒装壶是迄今发现的绝品，刻有罕见的凤凰纹饰，造型也很独特，艺术价值极高，更吸引人的是，壶内有着巧夺天工的设计。壶盖与壶身相连，作为实用器物，怎么向壶中灌水呢？原来壶底的中央有一个梅花形小孔，水从孔中灌入，壶内可盛水910毫升，再把壶放正，水就不会从梅花形的注水孔漏出来，当把壶嘴往下倾，水可从壶嘴里流出来，故名倒装壶。这件八九百年前的"高科技产品"，使今人称奇不已。壶高15.8厘米，直径13.9厘米，凤梁狮嘴，雕刻精美，充分表现了宋代耀州窑青瓷的艺术风格。

125

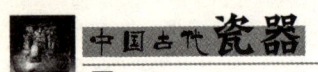

耀州窑自北向南形成了一个窑系，对古代制瓷业产生了很大影响，其技术和风格得到广泛推广。这个窑系以黄堡镇为中心，囊括了河南宜阳窑、宝丰窑、新安城关窑、广东西村窑、广西永福窑、内乡大窑店窑等多个窑场。各窑制品均与铜川窑相似，仅由于所用原料有差别，胎质与釉色也有些微不同。

2. 磁州窑

磁州窑位于今河北磁县观台镇和彭城镇地区。广义的磁州窑涉及南北许多窑口，狭义的磁州窑仅指以邯郸彭城镇和磁县观台镇为中心的诸多老窑址。这一地区宋属磁州，故名，始烧于宋元丰年间，并很快步入兴盛。磁州窑是宋代北方民间瓷器的典范，无论在造型或装饰上都着眼于实用、美观和经济。在长期的陶与瓷的实践中，逐渐形成了独特的风格与特征，多用统一的造型、独特的装饰技艺构成了磁州窑产品的风格体貌，体现出地方特点、民族风格和时代特色。磁州窑的产品由于存世量少，其产品为历代藏家所珍视。

宋代磁州窑瓷器的产量很大，造型也十分丰富，主要生产民间日常用瓷，还有少量的文具、玩具、娱乐用品及各种瓷塑等，具有浓郁的乡土气息和市井风情。常见的器形有：盘、碗、碟、盏、盏托、渣斗、瓶（玉壶春瓶、梅瓶、花口瓶、卷口瓶、瓜棱瓶、多管瓶）、壶、罐、钵、洗、盆、缸、水盂、笔洗、砚滴、镇纸、炉、香薰、唾盂、灯、盖盒，仿古铜器式样的尊、奁等，尤以多种多样的瓷枕最具代表性。瓷枕始见于隋代，最初只是用于陪葬，唐代多为医用脉枕，式样上体轻形小，入宋以后大量生产，形体变大。人们逐渐认识到瓷枕具有清凉去热的物理特性，从而开始把它作为驱火明目、延年益寿的理想夏日寝具。磁州窑有长方形、腰圆形、如意头形、花瓣形、鸡心形、六角形、八方形、银锭形、虎形、人形等瓷枕，品种繁

磁州窑白地黑花开光鱼纹梅瓶

多，形式新颖别致，侧重实用性。磁州窑最突出的特点是淳朴、粗犷，大件器皿豪放雄伟，神态端庄古朴，有气魄。小件器皿注重实用，如盘、碗、碟类，大小比例适中，线条流利，造型和装饰和谐统一，表现了民间艺术所独有的风格。

知识链接

金丝铁线

"金丝铁线"是发生在宋代传世哥窑瓷器釉面上的一种自然开裂现象，原本是瓷器烧制中的缺陷（由于坯体与釉的膨胀系数不同，在窑内冷却的过程中釉因收缩率大而开裂），后被人们利用开裂的规律，控制开片大小和形状，产生独特美感。

从形状看开裂有大小两种，大的如冰裂纹，最小的如鱼子状。以"大器小片"与"小器大片"为贵。传世哥窑器中以小片纹居多。纹片从颜色来看，有黑纹、黄纹、鳝血纹、黑黄色纹等几种，其中大多为黑色纹片。

磁州窑的器物拿在手里感觉不是很重，胎体主要使用的是当地两种比较特殊的高岭土，其中一种结构较疏松，淘拣不细，颗粒粗，常有未烧透的孔隙和铁质斑点，另外原料中含铁、钛等着色杂质高，烧成后呈红褐色；另一种质地坚细，含铝量较高，胎色呈灰白或灰褐色。此外还有诸如青土、白碱、缸土、笼土、黄土（黑药土）、紫木节、紫砂土、耐火黏土、水冶长石等。磁州窑的制坯技艺也丰富多样，有雕塑、拉坯、盘条、印坯等技法。烧制多采用匣钵装烧，烧成温度在1 250℃左右。

由于当地土质不是纯白，加之磁州窑瓷胎练泥粗糙，所以往往在胎表面实用白色化妆土，并在化妆土上作画，后来又有了有色化妆土。磁州窑巧妙利用化妆土，达到了不同的艺术效果，使化妆土成为一种装饰艺术，并达到

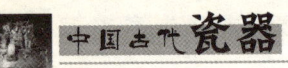

了高超的水平。从传世器物来看，白釉黑花卧女枕，其赭黄色衣衫即施了一层赭黄色化妆土，上绘黑花，再施透明釉烧制而成。白釉剔花婴戏莲纹枕是在较厚的化妆土上进行剔刻，再剔去纹饰外的化妆土，亦是化妆土艺术的变化。珍珠地划花枕，亦先施较厚的白色化妆土，经刻划纹饰、戳印珍珠地后，又在纹饰内着一层色粉，（有的不着色粉）用力蹭擦，使花纹、珍珠地的凹处着满色粉，施釉烧好之后，纹饰内呈褐红色，非常漂亮。但也正是由于加了一层化妆土，导致器物在烧制过程中因膨胀系数不同，致使化妆土外的釉层的表面产生裂隙。经过长时间的自然物理或化学变化，很多传世磁州窑瓷器都会出现脱釉的现象。

从釉色来看，磁州窑多用彩釉。碗、盘一类采用叠烧法，器内留有五个条形支烧痕。瓶、罐的圈足及枕的底部往往露胎无釉。磁州窑的釉色以白瓷、黑瓷和白地釉下黑褐色彩绘瓷为主。白釉多是白中泛黄的奶白色，具有象牙白的质感，釉层也不是很厚，没有肥润感及垂釉现象，不太透明匀净，釉面光泽感不是很强，常见有细碎开片。同时还烧造黑釉、绿釉、黄釉、酱釉及孔雀蓝釉、红釉、三彩。

磁州窑白瓷器的装饰手法主要有划花、剔花、绿斑、褐斑及珍珠地划花等。尤以白釉黑花的釉下彩绘最具有特色。这是一种在白瓷基础上烧出的釉下彩绘，是用毛笔醮黑色或彩色釉料在胎体上绘制花纹，待干后再涂抹白釉，

宋磁州窑婴戏图枕

然后才进窑烧制。具体品种包括白釉绿斑、白釉褐斑、白釉釉下黑彩、白釉釉下黑彩划花、白釉釉下划花填绿彩、白釉釉下酱彩、白釉釉下酱彩划花、珍珠地划花、白釉釉上红绿彩、白釉红绿黄黑彩等。此外，尚有绿釉釉下黑彩及低温黄绿、褐彩色釉瓷器，装饰技法以黑白对比为主要特点。

宋磁州窑蹴鞠纹罐

装饰题材多种多样，具有鲜明的时代特征。包括自然界中的植物、动物和人物故事，如马戏、熊戏、孩童钓鱼、池塘赶鸭、踢蹴球等。画面生动亲切，情趣浓郁而富有幽默感，表现了当时人民群众传统的审美观念，展现了宋元时期的社会风俗，为研究这个时期的民间绘画等艺术提供了丰富的资料。

磁州窑的制品构图严谨，布局上以传统的中国画写意手法结合图案变化，典雅古朴，画面既简洁又生动，线条流畅，风格豪放，情趣盎然。同时还借鉴其他姐妹艺术的有益经验来丰富自身的装饰，尤其是金银器、漆器和织绣工艺对磁州窑的彩绘均有一定程度的影响。花卉纹行笔舒畅流利，描绘花形普遍肥大饱满，活泼多姿，具有典型的民间艺术风格。动物纹、人物纹及常见的婴戏图纹画意格调清新，平易近人，突出神情描绘，生动传神，具有很强的感染力。磁州窑的这种装饰技法突破了当时流行的五大名窑的单色釉局限，并将陶瓷技艺和美术糅合在一起，创造了具有水墨画风的白地黑绘装饰艺术，开启了我国瓷器彩绘装饰的先河。它那一气呵成的娴熟画艺，令许多艺术大师叹为观止。磁州窑的装饰技法将陶瓷器物提到了一个崭新的艺术境界，开创了陶瓷艺术的新纪元。

磁州窑的釉下黑彩器上，其装饰常见唐诗宋词，生活气息浓厚，这种风格始于唐代长沙窑，在宋代民窑中则显得别具一格。磁州窑在这方面进一步发展和完善，其书写方法无一定规格，非常随意。诗词多出自当时文人之笔，

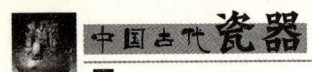

常见的有"满庭芳""朝天子""普天乐""阮郎归"等，同时还有民谚俚曲、规劝箴言，处世哲学、吉祥语等，如"天下太平""众中少语，无事早归""有客问浮世，无言指落花""孤馆雨留人""国家永安""镇宅大吉""利市大吉""天地大吉""长命枕""牛羊千口"、"贫居闹市无相识，富住深山有远亲""风吹前院竹，雨折后院花""清风细雨，黄花绿叶""甜香味美最为善""红花满院""道德清净""风花雪月"等，都是很有历史价值的文化遗产。这些题句多写在各种瓷枕上，完全采用民间白话语言，既增加了民间文化气息，又具有吉祥之意，故深受百姓喜爱。

磁州窑瓷器的绘画或书法风格往往粗犷豪放、洒脱不羁。由于工匠们技艺纯熟，其绘画和书法都见一定功力。现藏于广州博物馆的北宋磁州窑"枕赋"铭长方形枕，以及现藏于广东省博物馆的元磁州窑白地赫彩西游记方形枕就是这方面的代表作。

磁州窑瓷器题写年款的不多，目前仅见到两件，一件是甘肃省博物馆收藏的白地黑花长方虎纹枕，枕面一侧题"明道元年（1023年）巧月造，青山道人醉笔于沙阳"。另一件在英国，枕面刻"家国永安"四字，左书"熙宁四年"（1071年）。大多数瓷器在枕的底部刻制瓷作坊的标记，如"张家造""赵家造""王家造""刘家造""申家造""张大家枕""李家枕""滏阳陈家造"等。

3. 越窑

从东汉到南宋一千多年间，越窑经历了漫长的发展过程。越窑鼎盛时期为中唐至北宋早期，其生产规模、工艺水平、产品质量在各大名窑中均居领先地位。特别是五代时期江浙一带的吴越国，较少战争，越窑的瓷业生产能够继续发展，产品质量仍独步天下。器物在造型、釉色、装饰及装烧工艺等方面继承了唐代风格，器形繁多，胎壁普遍减薄，造型变得轻巧优美，折射出以釉色和造型取胜的时代风尚。

当时越窑瓷器广销海内外，包括亚洲20多个国家和地区。浙江慈溪不仅是越窑青瓷的中心产地，而且是瓷器之路的起点之一，上林湖及其周围的古银锭湖、杜湖、白洋湖地区都是烧造青瓷规模巨大的窑场，堪称唐宋瓷都，所烧造的秘色瓷备受推崇，在中国陶瓷史上具有极为崇高的地位。

北宋早期，越窑继续繁荣发展，器物多为杯、盘、碗、壶、托、瓶等日

越窑青瓷谷仓

用器皿，造型精巧秀丽，工艺精良；釉色青绿，纯正而透明；还出现了以长条细泥垫隔烧制的方法，故有的器物底足内留有数段长条细泥痕迹。盛行花纹装饰，采用刻、划、镂、雕和堆雕等多种手法，尤以纤细划花装饰技法最为娴熟，图样简洁清秀。装饰题材广泛，以人物、山水、走兽、花鸟、草虫、花卉为主，常见的纹饰有游鱼、鸳鸯戏荷、双蝶相向、龟伏荷叶、双凤衔枝、鹦鹉对鸣、鹤翔云间、鸟栖花丛，还有人物纹、牡丹纹、莲瓣纹、水波纹、缠枝纹、龙纹等，形象生动逼真，栩栩如生。

从北宋中期始越窑开始衰落，虽偶有精品，但整体质量在下降。至北宋晚期，越窑的瓷业生产已完全衰落。考古调查表明，北宋晚期，上林湖地区瓷窑址数量急剧减少，仅有10余处窑址，器形品种趋向单调，制作粗糙，器表不光洁，特别是圈足不规整，足底往往留下了"鸡心"形状；胎泥的淘洗和练泥不如前期严格，胎质不如前期细密，气孔明显增多，多数釉色灰暗，无光泽感；器表装饰只见寥寥刻划数笔，趋于草率；多数制品为明火叠烧，大量倒塌，变形塌釉，废品率高。这一切均表明，此时的越窑制瓷工艺已经严重衰退，产品质量普遍低劣，失去了与其他名窑竞争的能力。

越窑衰落最主要的原因是市场因素。一方面，吴越降宋后，瓷器产量减少，由原来的特贡转变成土贡，无需大量进贡秘色瓷，贡瓷的数量锐减。宫廷用瓷舍远取近，汝窑、定窑、钧窑产品大量进入宫廷，取代了越窑秘色瓷的地位，使越窑的瓷业生产受到很大影响。另一方面，北方青瓷在烧造工艺技术方面首先取得了重大突破，特别是对传统高钙石灰釉配制方法的改革，成功地创制出具有良好的高温黏度的石灰碱釉，使青瓷生产达到又一个顶峰，并在市场上占领了原越窑领地。

越窑的衰落还与本地区入宋以后农业生产的高度繁荣，燃料匮乏密切相关。

南宋初期，由于朝廷征烧祭器和生活用瓷，促使上林湖寺龙口、低岭头、开刀山一带瓷业生产再度兴旺，出现了一个新的短暂繁荣时期，但好景不长，由于龙泉窑的兴起，最终导致越窑停烧。

4. 龙泉窑

龙泉窑属南方青瓷系统，因在今浙江龙泉县，故名。龙泉窑创烧于北宋早期，南宋中晚期进入鼎盛时期，烧造历史达七八百年之久。

宋代是龙泉青瓷烧造的历史高峰。其青瓷的釉色与质地之美，如巧夺天工的人造美玉，世人为之倾倒。

在北宋早期以前的产品风格受越窑、瓯窑、婺州窑的影响，特征与三窑的产品相似。胎质较粗，胎体较厚，釉色淡青，釉层稍薄。

龙泉形成自己的风格，始于北宋中期。这一时期的龙泉青瓷产品多以生活用具为主，造型规整，有碗、盘、杯、壶、瓶、罐等。器物胎骨较厚重，胎土淡灰，底足露胎处见赭褐色窑红，

宋龙泉窑双耳瓶

胎微出烧。釉色由淡青转为青黄，釉的玻化程度好，釉层透明，釉表光泽很强。装饰工艺有刻花、划花和蓖纹。饰花纹较简练，常见的纹样有飞鸟、鱼纹、蕉叶、金枝、荷花和婴戏纹等。装饰风格趋于奔放。

南宋时期龙泉窑得到空前的发展，进入鼎盛时期，形成了自己独有的艺术风格，显示了独特的魅力。南宋龙泉窑瓷器造型稳重大方、浑厚淳朴而又不失秀媚，器形丰富多样，有碗、盘、盆、碟、盏、壶、罐、渣斗、水注、水盂、笔筒、炉、琮、投壶、瓶等，可以说是包罗万象，应有尽有。产品有白胎（灰白）和黑胎厚釉两大类。其中白胎青瓷约百分之九十几，黑胎青瓷只是少量的，但质量很好，胎薄釉厚有紫口铁足的特征，与南宋郊坛官窑瓷器有许多相同之处，这很可能就是文献中所记载的，南宋绍兴（元年至绍兴十九年）及其后相当长的一段时间内，南宋朝廷令地方州府为宫廷代烧的瓷器。南宋龙泉窑瓷器的釉层肥厚如凝脂似美玉，有月白、豆青、淡蓝、青灰、蟹壳青、灰黄、炒米黄等。其中，尤以驰名中外的粉青和梅子青这两种龙泉青瓷基本色调最具魅力。粉青釉亦称虾青釉，釉层肥厚，釉面略带乳浊，呈失透状，釉色青绿粉润，釉表光泽柔和，犹如青玉；梅子青釉较之粉青釉更深沉华美，釉色葱翠，釉层略透明，釉面光泽照人，器如梅子初生，秀色可餐，青翠欲滴的色调可与翡翠相媲美。龙泉青瓷这种粉青釉和梅子青釉所达到的艺术成就，成为我国青瓷釉色与质地之美的巅峰，其装饰上往往用刻花和堆塑法，具有独特的艺术魅力。

在龙泉窑的精湛技艺和精美的釉色及高超的质量影响下，除浙江境内多处窑址如大窑、金村、溪口、大白岸、小白岸、梧桐口、笔架山、项户、道泰、山头窑、松溪、马垃力、安福口、安仁口、大方、大棋、下村、武溪等300余处外，还有江西、福建两省的多处窑址也仿烧龙泉青瓷。形成了一个庞大的龙泉窑系。这在宋、元民窑瓷器中是屈指可数、名列前茅的。

5. 建阳窑

建阳窑亦称"建安窑""乌泥窑"，窑址在今福建建阳县水吉镇的芦花坪一带，因宋时属建州建安县（今建瓯），故名。建阳窑始于晚唐，盛于宋，而衰于元，终于清，尤以南宋为极盛时期。

建阳窑最早属民窑，其产品多黑釉瓷。它之所以能够跻身名窑之列，是由于唐宋时期盛行的"斗茶"之风。

知识链接

斗茶

斗茶习俗最早出现在唐代，盛兴于宋代。它是在茶宴基础上发展而来的一种风俗。唐代贡茶制度建立以后，湖州紫笋茶和常州阳羡茶被列为贡茶，两州刺史每年早春都要在两州毗邻的顾渚山境会亭举办盛大茶宴，邀请一些社会名人来共同品尝和审定贡茶的质量。

决定斗茶胜负的标准，主要有两方面：

一是汤色，即茶水的颜色。一般标准是以纯白为上，因为汤色纯白表明茶质鲜嫩，蒸时火候恰到好处。如果颜色发青则表明蒸时火候不足；泛灰是蒸时火候太老；泛黄表明采摘不及时；泛红则是炒焙火候过了头。

（元）赵孟𫖯《斗茶图》（台北故宫博物院藏）

二是汤花，即指汤面泛起的泡沫。决定汤花的优劣主要也有两条标准：

第一是汤花的色泽。因汤花的色泽与汤色是密切相关的，因此，汤花的色泽标准与汤色的标准是一样的；

第二是汤花一散，汤与盏相接的地方就会露出"水痕"（茶色水线）。水痕出现早者为负，晚者为胜。

人们在斗茶的过程中发现了一些有趣的现象，如果茶末研碾细腻，点汤、击拂恰到好处，就会使汤花匀细，有若"冷粥面"，就可以紧咬盏沿，久聚不散。不散则水痕不易起。这种最佳效果，名曰"咬盏"。

水吉镇窑烧制的黑釉茶盏，亦称建盏，最为适宜斗茶，颇受文人喜爱。北宋后期，建阳窑黑釉盏随着斗茶的风气一起传入宫廷，并于器底刻"进盏"

"供御"字样。这种小茶盏碗的造型口大足小，形如漏斗，有敞口和合口两种，以敞口为多。底为浅玉环圈足，有旋坯纹。修胎草率有力，刀法自然，胎骨呈乌泥色。器物内外施釉，釉质刚润，釉色乌黑，外釉近底足，足底

宋建阳窑兔毫盏

无釉而露胎。釉面多条状结晶纹，细如兔毛，称"兔毫盏"。这种毫纹是以铁结晶形成的斑纹为饰，因建窑瓷皆仰烧，釉水下垂，成品口沿釉色浅。由于器壁斜度不同，流速快则成纤细毫纹，流速慢则稍粗，就成兔毫之状。其纹路浓淡深浅、弯弯曲曲，宛如西北黄土高原的丘壑，成色上浓下淡，以至消失，给人一种自然的美感。在太阳光下，其黑色釉面闪烁着金红色的光点，盛满水其金红色光点在水中跳跃，其妙无穷。按其釉分为"金盏"、"银盏"和"蓝盏"。"金盏"为褐黄色，"银盏"为银灰色，"蓝盏"为蓝褐色，其中"蓝盏"最为可贵。在高倍放大镜下，可见其釉面开细小蝉羽纹，点缀着雪花片的金星、银星和红星。也有的铁结晶呈油珠状，称为油滴，宋人称其为鹧鸪斑，也很别致美观。

使用带有这样花纹的茶盏斗茶时，只要盏内漂有汤花，不管在何位置，透过汤花看相应部位盏底兔毫纹都有被咬住的样子，如果汤花在盏内飘动，盏底兔毫纹则有被拉动的现象，非常生动有趣，这也是当时人们为何喜爱用建阳窑兔毫盏斗茶的原因。斗茶传入日本和韩国以后，演变为两国的"茶道"。至今，日本和韩国的茶道都非常重视使用建阳窑兔毫盏。这种瓷器在日本被称为"天目釉"。目前日本所藏的几种闻名世界的国宝级的"曜变"天目盏，就是建阳窑的产品。

建阳窑器物多样，主要为盘碟类产品。其产品使用含铁高的原料做胎，因而胎色深黑，坚硬厚重，胎质粗糙坚硬，露胎处色沉而无光，俗称"铁胎"，又名乌泥窑、黑建、乌泥建等。此外，建阳窑还烧制青瓷、黑釉瓷、青白瓷等。

6. 景德镇窑

现在名闻天下的江西景德镇瓷窑，始烧于唐武德年间（618—626）。至北宋年间，景德镇高超的制瓷技艺已经受到皇室青睐，宋真宗下旨将景德镇瓷器进贡给朝廷，并将自己的年号赐作景德镇瓷器底款，在瓷器底部书写"景德年制"四字。久而久之，便有了"天下咸称景德镇"之说。南宋时，南迁陶工大都聚集在景德镇，成就了世界瓷都，为景德镇赢得了"集天下名窑之大成，汇能工巧匠之精华"的美誉，使景德镇成为全国乃至全世界陶瓷的制瓷中心。

新中国成立后发现的宋代烧瓷遗址有湖田、湘湖、南市街、柳家湾、杨梅亭、石虎湾、黄泥头窑等多处，其中以景德镇市东南的湖田窑遗址规模最大，产品丰富，质量精良，最有代表性。

景德镇窑产品以民间生活日用品为大宗，其中饮食具、酒具最多见。产品器类丰富，有钵、碗、盘、杯、碟、盏、盏托、注、注碗、执壶、瓶、罐、盖瓶、洗、炉、枕以及盛放香料、化妆品的盒等，式样繁多。如盒类，就有圆式、八方式、梅花式、莲瓣式、菊瓣式、瓜式、玉璧式以及设计巧妙的子母盒等。盒底常印有五个字的作坊标记，目前已发现的共有11种，如"许家合子记""段家合子记""蔡家合子记""吴家合子记"等。

北宋早、中期，景德镇烧窑采用装匣、垫饼、仰烧法，烧成器皿口沿施釉、足部露胎，圈足内多有褐红色圆饼或圆圈痕迹。北宋后期，吸取了北方定窑的技术，出现"涩口"。烧成技法的变化导致产品生产批量化，也使得更薄更优质的青白瓷出现。

宋代景德镇青白瓷胎质洁白细腻，

宋代景德镇窑青白瓷盘龙瓶

胎薄坚致，器壁通常如刀切。釉色介于青、白二色之间，青中闪白，白中泛青，釉质清澈似湖水，莹润如玉，习称"影青"。这种青白釉色，遮罩在薄胎器皿的形体上，显得轻盈秀雅，独具一格。

景德镇窑其产品多有刻花、划花、印花等，位置在器物内壁。景德镇窑刻、划、印花装饰也近于定窑风格，但于简练流动中见功力，形成了自己的特色。器物上奔跃的孩童、飞动的花草、翻滚的波浪，无不具有清新活泼之美。

当时的景德镇瓷器已经遍销全国各地，传世与墓葬出土的器物都很丰富。多年来江西、江苏、辽宁、浙江、湖南、湖北、安徽、河南、陕西、四川、河北、吉林、内蒙古等地区的30多座纪年宋墓中出土了多达18种器类，近300件的景德镇窑瓷器。南宋时，景德镇窑产品远销海外如日本、马来西亚、菲律宾、泰国等地。

第三节　辽金西夏瓷器

辽、金、西夏等少数民族政权，其所产瓷器具有鲜明的风格和地域特征。

这些游牧民族的瓷器跟他们的生活息息相关，相当一部分瓷器都是过去生活器皿的翻版，只不过是用一种物质替代另一种物质。以瓷器这种成本低廉的用具去代替诸如金属、皮革等贵重的质料，非常经济和实用。

其次，游牧民族的审美追求也比较注重实用，注重生活化，强调民族生活的特点。比如很多当时的陶瓷日用品上画着渔猎纹。这些特征构成了鲜明的民族瓷器的特点。

辽代瓷器

辽代瓷器的发展地益于北宋的工匠。比如北宋重要的北方窑口定窑，曾在宋辽的拉锯战中五易其手。特别是在天显三年（928年），辽兵又一次攻下了定州，占领时间长达八个多月，并把定窑瓷器生产工匠悉数带走。后来出产了一种非常重要的瓷器叫"辽白瓷"，与定窑白瓷非常像。

公元1004年，即景德元年，这一年签订的澶渊之盟，辽国每年都能得到宋朝的岁贡，这为其瓷器生产奠定了生产基础。今天能够发掘出来的辽代的瓷窑大约有七座，包括在今内蒙古自治区巴林左旗林东镇皇城之内的林东辽上京窑，主要烧白釉和黑釉器。还有林东南山窑、音戈勒窑、辽阳江官屯窑，北京的龙泉务窑、门头沟窑、赤峰的缸瓦窑等，由此足可见烧制地点之多。

知识链接

"澶州之战"与"澶渊之盟"

宋真宗景德元年（1004年）秋，辽国皇帝和萧太后统帅大军南下河北。宋军奋力抵抗，辽军迟迟不能攻占重要据点。十一月中旬，到达澶州（今河北省濮阳县北）。宋朝宰相寇准受命出征，两军主力在澶州对峙。辽军先锋官萧达兰（萧太后最信赖的将军）在外出侦察时，被宋军用床子弩射死，他的战死对战局产生了极大影响，使双方最终签订了和约，即"澶渊之盟"。

辽代陶瓷在技术上受中原影响，工艺与北方各窑大体相似。造型多种多样，大致分为中原形式和契丹形式两类。其中杯、碗、盘、碟、盆、瓶、罐、

炉、砚等日用杂器均是按照中原样式烧造。而契丹式的则常在普通器形的基础上雕塑出动物、植物，十分生动，如长颈瓶、凤首壶、鸡冠壶、鸡腿瓶等，均具有鲜明的契丹民族特征，比如瓷皮囊壶的造型，缝织针角都被模仿得很像。这些都与其民族的生活习惯有密切的关系，反映了辽代畜牧业和农业经济的发展与变化。辽代瓷器中还出现了方盘，此圆盘的制作更为复杂。辽代之所以能做出方盘，是因为辽在历史

辽代白釉菊莲纹葫芦形执壶

上都是用木头盘，木头做成圆的麻烦，做成方的却简单。所以当用陶瓷做的时候，还是沿袭旧制，也做成方的了。

　　辽瓷的彩色瓷主要以黄绿白为主，器形以北方契丹族的游牧生活用品为主，制品有精粗两种。辽白瓷中有底款"官"字款的为辽官窑制品，属于精品，胎质莹白坚致，色白微泛青，多数釉面莹润，都有开片，色有月白、粉青、紫斑等。胎质粗糙的属于钧窑系产品，制胎粗糙，常把应用泥条的盘条制陶技术用在制瓷胎上，胎灰黑，用化妆土打底作为表层处理；釉面不到底（称半截釉），白釉瓷和其他色釉瓷也常有涂釉不均的现象，多数有开片，也有疙瘩釉；开片大，线下有褐色斑。辽瓷中的绿色釉鲜艳醒目，带有游牧民族的特色。釉面带红斑、蓝斑的也很多，像红霞和蔚蓝的天空，呈现出变幻无穷的色彩美。

　　辽代瓷器主要有三种装饰手法：刻划花、印花、贴花，装饰纹样主要有牡丹、芍药。白釉黑花器是其晚期出现的装饰方法，但所绘花草常常是一枝、一朵、一棵，比较简单。

　　宋、辽都有三彩，且均受唐三彩影响。而且辽三彩跟宋三彩之间，可能还互有影响。

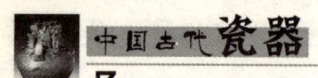

知识链接

真假窑红的鉴别

许多制假者在伪制元青花瓷时很重视"窑红"的特征。收藏者应如何辨别真伪呢？

一般来说，真窑红是自然形成的，而假窑红是从外部涂上的。

但几年前，在窑中烧成仿古窑红已获成功。如果没有作旧，因颜色较鲜艳，不像几百年前的陈旧痕迹，还比较好认。如果作旧做得好，就难认了，因为它也是烧成时自然形成的。仅从"窑红"外表看，两者很难区分。有专家指出：区分"窑红"要看其形成的相关条件。元青花的窑红是在老柴窑中烧成的，周围露胎的地方，往往伴随产生一些黑芝麻点或黑色杂质。黑芝麻点多数是由老胎土中所含的铁元素凝聚形成，一些外粘的黑色杂质多是由烧松木的柴窑中产生的窑汗渣形成的污染。经历数百年的氧化或土蚀，有明显的陈迹感。而仿古窑红是在气炉或电炉中烧成的，比较干净，没有柴窑汗渣的污染；胎土与古胎土也不相同。新窑红较干净，无黑色杂质，这就能将它与老窑红区别开来。

金代瓷器

金代最早的疆域局限在东北一带，当时手工业比较落后，几乎没有自己独创的瓷器。主要窑口有辽宁抚顺大官屯窑和辽阳江官屯窑，这两处窑口的瓷器制作方法落后，产品粗糙，胎质粗厚且多杂质，烧结程度低，装饰纹样方式较简单，仅见有白地绘黑花器物。

第二章　隋唐五代宋辽金夏瓷器

金灭辽以后，进入广大的华北地区，才接触到了较为先进的瓷器生产。金代早期的瓷器生产是以辽代瓷窑为基础的。"靖康"之变以后近三十年之间，金兵每次南侵，都是以人口、财富、土地为战争目的。今河南、河北两省本来是北宋陶瓷的重要生产基地，但由于成为战争的争夺地带，长期饱受战乱，窑工南逃，陶瓷生产基本上处在荒废状态。1153 年，海陵王完颜亮迁都燕京，也就是今天的北京。特别是到金世宗完颜雍"即位五载，南北修好"以后，在他执政的近三十年间，宋金停止了战争，社会安定，金朝经济得到恢复和发展，陶瓷业也得到一定程度的恢复。北方所有我们已知的窑口，像磁州窑、耀州窑、定窑、钧窑，都开始恢复生产，继续烧造。到现在，北方这四个重要窑口都有金代瓷器存世。这些产品大部分承袭宋瓷，虽然整体上不如宋瓷，但质量也很不错，堪称优良。

不过历代文人在正统思想的支配下，想当然地认为金人破坏掉所有窑口，不再生产。所以后代人长期认为，凡是好的瓷器都是两宋的，把金抹煞掉了。但是实际情况并非如此。因为金代也有一百多年，也需要休养生息，需要生活，统治阶级更是同样需要享受高质量的物质生活，陶瓷业自然也得到了一定程度的恢复和发展。虽然产品各方面都比不上北宋的，但北宋荒废的窑场和濒临失传的工艺确实得到了抢救，使后代人能够继承北宋中原的陶瓷工艺。所以金代陶瓷业在中国陶瓷史上是一个不可缺少的组成部分。随着金代陶瓷资料的不断发现，人们对金代陶瓷的了解、认识也日渐清晰。

金代瓷器的器形制作粗糙，技术落后。瓷器造型多承袭宋式的日用器皿，大多是碗、盘、瓶、壶、罐等，常见两系、三系、四系瓶、系耳罐等。但是，辽代的很多具有鲜明游牧特点的器物，金代却不见了。这是因为虽然女真人也是游牧民族，但跟契丹人还不大一样，他们过的是那种半游牧半定居的生活。所以搬家的需

金代磁州窑黑釉四系梅瓶

求没那么强，所以像长颈壶、皮囊壶、鸡冠壶，到金代就不存在了。金代也有鸡腿瓶，瓶身上全是棱，是防滑的。因为金人的鸡腿瓶要插在马身上，马一跑就颠，有棱就不容易滑出。

金代瓷器继承了北宋的覆烧技术，并有所发展。覆烧是唐代定窑创造的装烧方法之一，就是把盘碗之类器皿反过来烧，因此称为覆烧。又因为器物在覆烧时可以多层码放，一起烧制，以提高产量，因此又被称为叠烧。北宋中期，由于市场对产品需求量大增，当时的窑工们为了增加窑的烧成量，并节省燃料，开始使用覆烧方法。覆烧工艺要在器物的内底先刮去一圈釉，使其露出胎骨，才能让上层码放的器物置于其上。这样生产的瓷器虽然粗糙一些，但产量可以增加好几倍，成本也大为降低。

金代瓷器有黑釉、白釉、酱色釉、茶绿色釉等。釉面不均，缺乏润泽感。日用陶瓷器以素面为最多。纹饰多在盘碗的里部，布局严谨，层次分明，线条清晰，密而不乱。瓷器的纹饰日益简单，纹样也日益简化，以花卉，各种折枝缠枝和萱草纹为主。其次有人物、鱼、鸭等动物，水波，婴戏等。装饰技法上有刻花、划花、印花、笔画、贴塑、加彩等。但是各种技法已明显比不上北宋的工艺和技巧。

金代陶瓷纪年款有墨书款、釉下彩书写款和刻划款。落款的位置多在器物的外底、足部，也有落于腹部和内底的。如"时皇统元年三月二十二日造"，此为金代萧窑瓷瓶纪年款，横刻于瓶足上，瓶腹刻"白土镇窑户赵顺谨施刘慈氏菩萨花瓶壹对，供养本镇南寺"。

西夏瓷器

瓷器在西夏党项人生活中占据着重要地位。这与西夏境内缺乏金属矿产有着密切关系。由于境内只有少量的铁矿，无法生产日常所需的一些金属制品，西夏人不得不用陶瓷来代替。西夏初期，所用瓷器主要从宋进口。随着经济的发展和手工技术的提高，西夏中后期，党项人便开始建立自己的瓷器生产基地。

经过考古发掘，可以确定灵武市磁窑堡瓷窑遗址是位于中国最西北的一处古瓷窑遗址，其历史地位不容小觑。这里烧制的瓷器分属西夏、元、清三个朝代，其中西夏时期的数量最大。

灵武在西夏时称灵州，党项族首领李继迁攻占灵州城后，把都城迁来，定名为西平府。后来李继迁之子李德明又把都城由灵州迁往银川，定名为兴庆府。此后，西平、兴庆二府被称为西夏王国的东西两京，两府相距不足50千米。因此，西夏大型瓷窑建在灵州，自在情理之中。

知识链接

西夏文

西夏文是野利仁荣历经三年创制的文字。西夏语，属于汉藏语系藏缅语族羌语支。西夏文制成后被定为"国字"，曾在西夏境内与汉文同时流行。西夏国灭亡（1227年）后，西夏党项后裔仍有人使用。元至正五年（1345年），居庸关过街塔门洞内的六体文字石刻中，西夏文是其中一种。明初也曾刻印过西夏文经卷，如保定出土的两座刻有西夏文的石幢，建于明弘治十五年（1502年）。表明西夏文至少使用了四五百年。随着党项族逐渐融合于其他民族，西夏文也成为无人可识的死文字，逐渐湮没在历史的尘埃中。

西夏文共五千余字，多借用汉字的笔画。形体方整，笔画繁冗，用点、横、竖、撇、捺、拐、拐钩等组字，斜笔较多，没有竖钩。单纯字较少，合成字占绝大多数。两字合成一字居多，三字或四字合成一字者少。合成时一般只用一个字的部分，如上部、下部、左部、右部、中部、大部，有时也用一个字的全部。会意合成字和音意合成字分别类似汉字的会意字和形声字，约占总数的百分之八十。部分译音字由其反切上下字的各一部分合成，类似拼音字。有的字以另一字的左右或上下两部分互换构成。两字多为同义字。象形字和指示字极少。书体有楷、行、草、篆，楷书多用于刻印，篆书散见于金石，行草常用于手写。

在西夏时期，上自佛经诏令，下至民间书信，均用西夏文书写。为方便人们学习西夏文，还印行了字典。

磁窑堡地下有丰富的煤资源，为烧制瓷器提供了燃料。同时，煤矿层中含有充足的石泥岩，是优质的制瓷土。窑址旁边的河沟常年流水，为窑场提供了丰富的水源。磁窑堡得天独厚的地理优势，具备了建立瓷窑的三个基本条件。

西夏瓷器作为西夏文化的重要组成部分，受中原影响，并结合本民族的文化习俗，发展出了极具党项民族特色的瓷器。西夏瓷器的生产受宋、金定窑和磁州窑的影响较大。品种主要有白瓷、黑瓷、青瓷、黑釉剔花瓷等，以黑褐釉瓷为主。它们的特点是：瓷胎较粗，多数呈浅黄褐色；白瓷釉面有冰裂纹，釉面不甚光洁，胎釉之间常施有化妆土。

西夏扁壶

西夏瓷器的常见器形有高圈足碗、盘、长颈瓶、高足杯、小杯、三足灯、双系扁壶、折肩瓶、折沿钵等，有些造型与宋、金瓷器相似。也反映了西夏居民的生活习俗。例如长颈瓶，造型与宋梅瓶相仿，但它的特点是小口、折肩、暗圈足，与梅瓶圆肩的做法显然不同；再如扁壶，壶身为圆形，上有小口，除底圈足外，正反两面正中还各有一圈足，壶的两侧有两耳或四耳供系绳用。另外，西夏一些盘、碗类器物还有"挖足过肩"（即圈足内侧高于外侧）的做法，也比较有特色。鸡冠壶、穿带壶都是仿游牧民族游牧时放在马背上用皮子缝制的皮囊壶的造型。

西夏瓷器具有鲜明的民族特征：风格粗犷，纹饰简单。工艺有剔、刻花，纹饰大致可分为四类：植物纹饰，包括牡丹纹、莲花纹、菊花纹和葵花纹；动物纹饰，包括鱼纹、鹿纹、狩猎图等；人物纹饰，仅有婴戏纹一种；边饰，如卷草纹、几何纹、钱纹、水波纹、卷云纹和山形纹等。另外还有剔刻藻井式图案、点彩菱形和梅花纹、刻划弧纹和模印石榴花纹等。

第三章

辉煌的元明清三代瓷器

　　元、明、清三代是古代瓷器的鼎盛时期。元代制瓷业的繁盛,开启了明清两代制瓷业的崭新局面。三代瓷器品质之精,彩釉之丰富,造型之多,无不登峰造极。

第一节
元明清的制瓷业

元明清三代的景德镇制瓷业

元代制瓷业在宋与明清之间起到了承上启下的过渡作用,由百花齐放到"一花独放",元代处于过度阶段,而这独放的一枝就是"景德镇"。

景德镇制瓷业之所以能得到这样的发展,主要是因其具有不断创新的内在动力,而这种内在动力主要有几个方面的体现。首先,元代形成了对制瓷业实行统一管理的、从将作院到总管府再到浮梁瓷局的垂直管理制度,改变了历代由地方管理制瓷业的旧的管理模式,更有力地为制瓷业的发展提供了制度保障和政策支持,自然就促进了制瓷业的全面提高和发展。可以说,景德镇这一制瓷业管理制度的一大创举,在中国瓷器发展史上功不可没。

管理制度的改革,为瓷器制造所需生产要素在更大范围内的配置成为可能,这也成为景德镇制瓷业发展的又一个内在动力。浮梁瓷局的设置,首先突破了景德镇作为地方瓷窑的区域局限性,逐步走向全国。景德镇在国内地位的提高,必然吸引大批人才,景德镇人口的大幅增加就是其制瓷业繁荣的一个明显表征。另外,浮梁瓷局可以从官府得到各种原材料、出口订单、官府与军用瓷器订单等,这些都是其他瓷窑望尘莫及的。浮梁瓷局因有与将作院的隶属关系,可以获得一些新器形、新画面的设计稿,这也为景德镇制瓷业的发展提供了良好的契机。

制瓷业的不断发展繁荣,也促进了制瓷业内部管理方式的改善和创新,即制瓷业内部的生产组织更严密,分工更加精细,专业水平更高,行帮、行会协作能力更强。景德镇的制瓷业大体可分为制坯业和烧窑业两部分,到了元代制坯业与烧窑业已经完全分离，成为同一行业中的两个行帮，另外还有专为两个行帮服务的陶瓷辅助行业。精细化的分工和管理，使其竞争力大幅提高。

对任何生产行业而言，技术的革新与进步都是行业发展的必然动力，景德镇制瓷工艺技术的大胆革新也使制瓷业的整体技术水平和瓷器质量获得了空前提高。这一时期比较成功的改革创新有：高温釉和低温彩釉新品种的发明创造、阴模印坯成型法、匣钵单件仰烧法等。另外，在窑炉、器形、款识等方面也有不少创造性的发展。

如此斐然的成绩自然成就了景德镇制瓷业，在元朝之后的明清时期，景德镇一枝独秀也就不足为奇。

在元朝统治时期，由于不断向外征战，外交、对外贸易活动频繁，加上蒙古民族与汉民族不同的宗教信仰和生活习俗，使得元代景德镇瓷器出现了与前代明显不同的器形。如罐类有：荷叶盖罐、八棱形大罐、鼓式盖罐；瓶类有：耳瓶、四系扁瓶、蒜头瓶、兽耳瓶、戟耳瓶、塔式盖瓶、葫芦式瓶、莲座瓶；壶类有：凤流扁执壶、梨式壶；碗杯类有：高足碗、高足豆、高足杯；明器类有：楼阁式谷仓等。这些器形的统一特点是形体较大、胎厚、体重、口棱见角、附耳带座，这也成为元代瓷器器形的主要特点。

辨别古董瓷器的一个重要凭据是款识，元代著名的青花瓷器底部就独创了一种"博陵第"款识。这种款识是用素胎凸印戳记"博陵第""太平府""仁和馆""汉都"和"长安"等铭文，铭文款识凸印戳记形状有长方形、如意灵芝形、葫芦形、多角菱形、斧头形等。

元青花和釉里红是元代瓷器在装饰技法上的两大创造。元青花瓷与中华民族传统审美不同，其风格豪放雄浑，有其特别之美。元代青花瓷的制瓷原料采用了瓷土加高岭土的"二元配方"。其胎料主要有两类：一类用进口青花瓷，胎骨较白，稍含灰，手

元青花荷叶盖罐

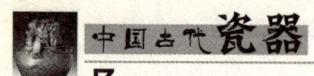

感沉重，致密坚硬；另一类用国产土青料，胎骨灰白，胎体手感轻。

　　元青花瓷使用了新的烧制方法，提高了烧成温度，釉的配方也相应改变。景德镇瓷釉历来是用釉果掺以釉灰配制而成。釉果是一种风化较浅的瓷石，主要成分是二氧化硅和三氧化二铝；釉灰的主要成分是石灰石。元代增加了釉果成分而减少了釉灰成分，这样，釉层的三氧化二铝增加而氧化钙减少，改变了釉面状态，使釉层厚度可以增加，釉表光泽柔和。元青花的釉面按时期可分为三种，元代早中期为影青釉，又称青白釉，用国产青料，莹润透明，胎骨表面上能看到细密的皮壳层，釉面不光滑，用手握摸有凹凸不平感。器身胎釉微闪青蓝，温润中略显淡蓝，除足圈显水绿色外，器身胎釉往往显出淡牙黄色，有时显出乳浊白色，它的显色会随空气中的湿度、温度的变化而微显不同。从14世纪中的至正年间开始使用白釉，用进口青料。釉面白中泛青，釉色莹润透亮，光洁滋润，积釉处显鸭蛋青色，釉色亮度时常会有闪动感，足圈釉面显出淡淡的水绿色。具有恰到好处的透明度、光亮度和色泽，能更好地衬托青花的表现力；元末青花上开始使用卵白釉，釉层乳浊，用国产青料，多为小型器具，以高足杯、碗、钵、小罐类居多，这些器物的外圈往往留下浸釉时手抓留下的指痕。釉面手感温润如玉，光感柔和不刺目。

　　元青花瓷器的色调总体来说可分为两种：一种呈灰蓝色，较浅淡；一种是深蓝色，较艳丽。传统概念中，呈色灰蓝者为国产料，呈蓝艳者为进口料。进口青料用于大型、中型或小型元青花上；国产料仅用于中、小型器物。总的来说，元青花的器形可分为五类：罐类、瓶类、壶类、碗类、盘类。在元代社会，青花瓷还没有成为宫廷或人们日常生活的必需品，除酒具、明器外，主要产品是对外输出，因此元青花瓷的造型有一定特殊性，其原因乃是为了满足不同地域、不同生活习惯使用者的需要。如大罐、大瓶、大盘、大碗是为了适应广大穆斯林席地而坐、一起吃饭的习惯而特别生产的大型饮食器皿。而元时生产的小型器皿如小罐、小瓶、小壶则多销往菲律宾。

　　元釉里红在陶瓷装饰历史上的有着重要地位。元代八方龙纹釉里红拔白梅瓶为釉下铜红彩绘、拔白、打板、接胎而成，烧成难度大，氛围特殊性强，应该说元釉里红瓷器是陶瓷史上的一次伟大创新。流传至今的元代釉里红瓷器也很少，可见它的历史性、艺术性、珍贵性。

　　元釉里红的胎质以二元配方为主，因高岭土含铁量不同，有白、灰两种倾向的胎质，胎质细中见粗有火石红者居多，当时烧造釉里红窑温偏低，瓷胎常有生烧现象。由于使用含有铁质泥渣饼垫烧，器形底足多半有黑棕色砂。釉质明显可分两大类，一类为影青釉，含石灰钙多，气泡明显，涂染装饰釉里红结合刻划纹饰多。一类为青白釉，其釉里红有着稳定的发色，这是钠钾含量较高的结果。

从元釉里红成色上来看，主要色调是红偏紫黑色，鲜红者稀少，后者一般为过烧产品，因为当时烧成温度偏低，根据烧炼温度与铜红成色原理，元釉里红可见铜绿色斑点。元釉里红由于当时烧炼技术，还原气温的掌握程度，成色常出现发黑、晕散，非常典型地表现出元釉里红这类特点。

在元代的基础上，明代的景德镇瓷业有更快的发展。这时的景德镇已成为全国制瓷业的中心，所产瓷器不仅数量

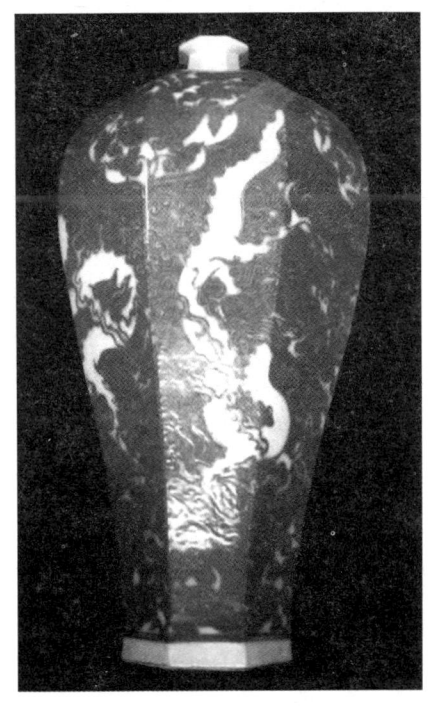

元代八方龙纹釉里红拔白梅瓶

大，质量好，而且品种多，销路也很广，成为当时中国瓷器的翘楚。

景德镇中有一些是官窑，这使其知名度更高。另一方面，民窑生产的瓷器除满足当地百姓的使用需求外，还大量运销国内外，更促进了景德镇制瓷业的兴盛发展，商业繁盛，官民竞市，可谓盛况空前。

为了满足皇帝的宫廷用瓷，景德镇建立了明代御器厂，这可以说是景德镇制瓷史上一件不容忽略的大事。御器厂兴建于明洪武年间，由开国皇帝朱元璋下的命令。有了皇帝的支持，御器厂自然汇集了大批精通瓷业生产、擅长制瓷技艺的工匠，同时充足的资金投入，上好的原料来源，对产品精益求精的追求，都使得这里生产的瓷器精品不断。御器厂自初建时起，不断扩展，从20座瓷窑增至58座瓷窑，最兴盛时甚至达到80座瓷窑。这也可以从一个侧面反映出景德镇制瓷业的兴盛与繁荣。

明代景德镇瓷器的成就主要表现在瓷胎、造型、釉彩、图饰等方面。明代景德镇瓷工旋坯用铁刀代替竹刀，随轮转动，提高了旋坯效率。胎体一般

都比较厚重；造型较为丰满、浑厚，线条柔和、圆润；釉质肥厚、滋润；图饰以龙、凤、麒麟、山水、人物、花鸟、走兽为主，画面豪放潇洒，构图疏简高古。

瓷器品种按其制作工艺可分为：釉下彩、釉上彩、单色釉、杂色釉。釉下彩，主要指青花、釉里红、青花釉里红和蓝地白花等。永乐和宣德时期青花瓷达到了顶峰，就连今天的人们还为它的美而赞叹不已。釉上彩，可分为釉上单彩和釉上多彩。釉上单彩有白地红彩、白地绿彩、白地黄彩、金彩、黄地红彩、黄地青花、青花红彩等。釉上多彩有斗彩和五彩。其中五彩在宋、元的基础上发展而来，宣德时成就突出，至嘉靖、万历时已享誉中外。单色釉主要有：铜红釉、蓝釉、甜白釉、仿哥釉、仿龙泉釉、铁红釉、黄釉、洒蓝釉等，而其中的红、蓝、白单色釉为明代单色釉中最名贵的品种。杂色釉，是指以多种色釉施于一器的瓷器，兴盛于明嘉靖时期，传世品极少。

明代景德镇的瓷器销售遍于亚、非、欧、美四大洲，御器厂还接受西方国家的特殊订货。景德镇的青花烧制技术还外传至朝鲜、日本、伊朗、越南，以后又传到叙利亚、埃及、意大利等国。

景德镇的制瓷业发展到清代，曾一度因受明末战乱影响，出现停滞状态，但这一现象只在清初持续了很短的时间。到了康熙十九年（公元1680年）以后，景德镇的制瓷业不但恢复过来，而且还在前代发展的基础上得到了飞速发展，并创造了康熙、雍正、乾隆三朝的巅峰盛世，瓷器"品质之精，造型之多，彩釉之丰富，无不登峰造极"。

景德镇瓷器在清代又有了新的发展。青花瓷的色彩呈宝石蓝，比明代的更鲜艳纯净，别具风格；釉上五彩方面发明了釉上蓝彩和墨彩，比明代的更丰富鲜明；另外还创制了粉彩、金彩、釉下三彩、墨彩、乌金釉、天蓝釉、珊瑚红、松绿釉、胭脂红等等，真可谓流光溢彩，精彩纷呈。清代著名的督陶官唐英在景德镇督陶时所烧制的瓷器"唐窑"，更是将瓷器的制作水平和质量提高到了一个前所未有的高度。《中国的瓷器》一书中就说："中国瓷器，到了唐窑，确实集过去所有制作之大成。这表现在瓷器装饰方法、造型设计以及制瓷技术方面。"

景德镇制瓷业虽然在清代有了登峰造极的发展，但也历经了一个由兴到盛又转衰的过程。在清初短暂的停滞之后，景德镇的制瓷业开始重新走向兴盛。经康熙、雍正、乾隆三朝的发展，景德镇的制瓷技艺更加娴熟精湛，品

第三章　辉煌的元朝清三代瓷器

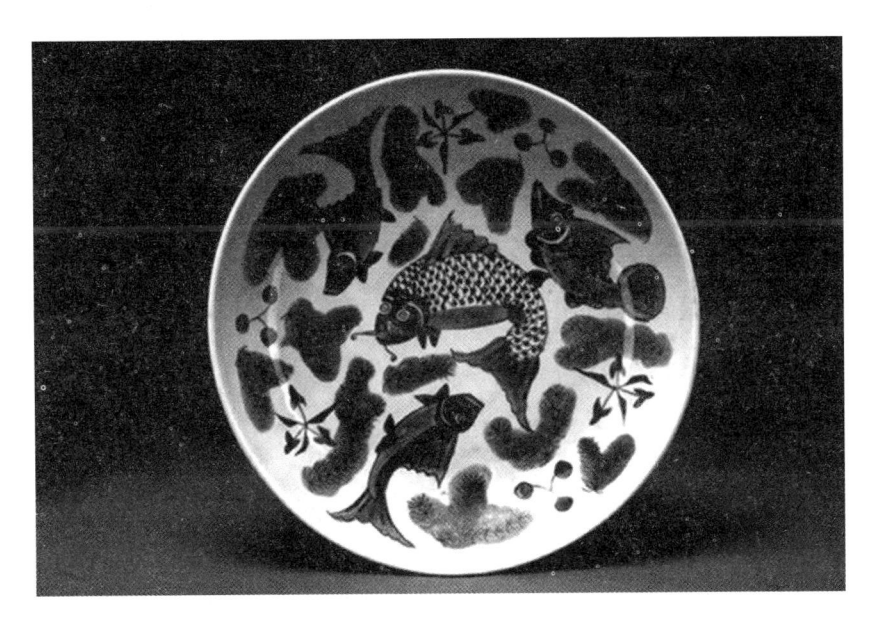

康熙早期景德镇青花四季有余盘

种更加丰富多彩，达到了集南北历代名窑之大成的程度。朝廷对景德镇的重视使景德镇制瓷业快速发展。当时朝廷直接派遣督陶官来管理景德镇御窑厂的窑务，使瓷器产品不断得到创新和发展。

康熙年间青花瓷不仅料色青翠艳丽，釉质莹澈明亮，而且还十分讲究中国画的水墨韵味；五彩瓷色彩更加瑰丽丰富，画工更加考究精妙；郎窑红、豇豆红成为颜色釉中最为珍贵的极品；珐琅彩瓷更成功地开辟了陶瓷装饰的一片新开地。

雍正年间，珐琅彩瓷进入鼎盛时期；由珐琅彩发展而来的粉彩瓷技艺日臻成熟；以青花料在坯体上勾勒纹样轮廓，成瓷后再以粉彩颜料填画，拼成完整纹样的斗彩新工艺令人耳目一新；窑变釉使原本的单色釉变得如霞光般绚丽斑斓，流光溢彩，美不胜收。

乾隆年间，粉彩瓷盛行轧道工艺，俗称"耙花"，亦称"锦上添花"，极为精致；各式各样的镂雕粉彩瓷特色独具；仿生瓷惟妙惟肖，几可乱真。

晚清时，中国社会动荡不安，景德镇制瓷业也随之衰落。御窑厂于咸丰五年（1855年）停止生产，直至同治五年（1866年）后，才逐渐恢复生产，但其光景却是今非昔比。至宣统年间，风雨飘零中，雄踞景德镇历明、清两

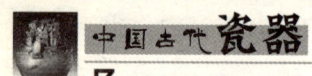

朝达五百余年的御窑厂终告寿终正寝。晚清六朝，无论官窑还是民窑，仿古之风皆颇为盛行，成为当时景德镇瓷业的特点。

知识链接

古瓷器的把玩

把玩瓷器时双手应清洗干净，且保持干燥，取下戒指等容易划伤瓷器釉面的首饰。有的人担心双手不干净，戴上手套拿瓷器，这是不对的，因为带手套摩擦力很小，这样瓷器容易滑落。移动大件的瓷器如瓶、尊等，应一手托住底，一手拿住颈部。有的瓶、尊装饰有双耳，取放时切不可仅提双耳，以免折断和损坏。拿起一件带座、带盖的瓷器时，应将座、盖和主体分别单拿单放，不能连盖带座一起端，防止移动时脱落打碎。

取放人物塑像的瓷器时更要小心谨慎，要当心塑像的须发和手指等一些纤细脆弱的部分，以免损坏；不可单手拿塑像的头部，以免断脱。正确的拿放方法是一手扶住塑像的后背，一手托着塑像的底座。

拿取瓷器的大盘、大碗时须双手捧握，忌用单手拿盘、碗的一边，以防断裂。

元明清时期其他窑厂的发展

在元代的制瓷业中，除景德镇的影响比较大以外，龙泉窑、磁州窑、钧窑、德化窑等仍在烧造瓷器。

元代龙泉窑仍处于兴盛时期，在出口瓷器份额中龙泉窑产品占较大比例。龙泉窑的瓷器胎质比宋代的要粗厚，但仍很坚致，白中闪灰，施釉厚，釉面不如南宋时的润泽，但很光亮，有很强的玻璃质感，呈黄绿色或葱绿色，给人一种秋水澄澈的爽朗感觉，开创了一种新的审美境界。在器形和装饰上，

第三章　辉煌的元朝清三代瓷器

龙泉窑除部分继承宋代的传统以外，有更多的创新和提升。比如，器形高大、厚重的大件瓷器明显增多，这充分体现了元代瓷器的时代特色。装饰方法以划、印、贴、堆塑、镂空、点彩等为主。贴花分有釉、无釉两种，多在碗、盘、洗的内心贴双鱼、小兔、荔枝、飞龙等，无釉的是元代新创品种，在碧绿的底心上凸起红褐色纹饰，非常醒目。龙泉点彩和青白瓷相同，在釉面上随意点染含铁量高的涂料，经高温烧成带褐色斑点的器物。可以说，在元代龙泉窑几乎和景德镇窑有着同样地位。

元代龙泉窑翠青釉注子（龙泉青瓷博物馆藏）

元代钧窑瓷的影响比宋朝时还大，其烧造中心仍是河南禹县，窑口在河南广有分布，河北、山西也有，形成了一个钧窑体系。和宋、金不同的是元钧瓷的胎子更厚，更粗糙、疏松，有砂粒及砂眼，胎子颜色深灰或土黄。胎釉结合不如宋钧紧密，釉子略粗，有大气泡和棕眼。颜色一般是月白色或蓝灰色，个别器物上有紫红色彩斑，是人工有意涂抹而不是釉中所含铜元素在高温中的自然晕散。釉厚，自然垂流多不到底，底足无釉，露深黄色或浅褐色胎。元钧瓷一般光素无纹，炉、罐、瓶等立器有的模印贴花或堆塑纹饰，纹饰模糊不清。

元代钧窑瓷的特点决定了它的价值远比不上宋代钧窑瓷器，所以，虽然元代钧窑瓷器流传后世的数量较多，但却没有宋代钧瓷那样的收藏价值。

磁州窑是元代北方地区最大的一个民窑体系，其产品多见白釉黑花器，呈现硕大浑圆厚重之感。主要的器形有白地黑花大罐，器腹纹饰常见的有龙

153

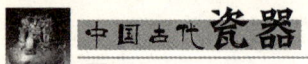

清代德化窑白瓷炉

凤、花卉或云雁等，也有墨书诗句的。在瓷器上题诗作词和绘画，充分抒发了制瓷匠师们的创作激情、生活感受和审美情趣，因而在内容题材方面，也就更直接、更充分地反映了当时的社会生活、经济生活、民俗民风、市井文化思想，富有浓厚的乡土气息与民间艺术色彩。

白釉釉下画黑彩，亦称白釉黑花，是磁州窑瓷器的主要装饰手法，它首先是在器物坯胎上施一层白色化妆土打底，然后再用毛笔蘸颜料绘画图形，最后施一层透明釉进行烧造。磁州窑白釉黑花艺术，色彩对比强烈，造型和谐，整体感强烈。

德化窑在元代时也有相当大的产量，在《马克·波罗游记》里就曾提到德化窑，并对德化白瓷有特别高的评价。但德化白瓷到了明代才发展到鼎盛时期，它不仅与唐宋时代其他地区的白瓷不同，而且与景德镇同时期的白瓷也不相同，独特的美使它在瓷器史上极为重要。

知识链接

马可·波罗小档案

马可·波罗（Marco Polo），世界著名旅行家和商人。1254年生于意大利威尼斯一个商人家庭，也是"旅行世家"。他的父亲尼科洛和叔叔马泰奥都是威尼斯商人。

17岁时他跟随父亲和叔叔，途经中东，历时四年多到达元帝国，于1275年到达元朝的首都，与大汗忽有私交。他在中国游历了17年，曾访问当时中国的许多古城，到过西南部的云南和东南地区。回到威尼斯之后，马可·波罗在一次威尼斯和热那亚之间的海战中被俘。他在监狱里口述旅行经历，由鲁斯蒂谦（Rustichello da Pisa）写下了著名的《马可·波罗游记》。

在《马可·波罗游记》中，他记述了自己在东方最富有的国家——中国的见闻，盛赞了中国的繁盛昌明；发达的工商业、繁华热闹的市集、华美廉价的丝绸锦缎、宏伟壮观的都城、完善方便的驿道交通、普遍流通的纸币等等。书中的内容，使每一个读过这本书的人都无限神往，激起了欧洲人探索东方的热情，对以后新航路的开辟产生了巨大的影响。

能工巧匠使明德化窑白瓷扬名海内外。这批艺术大师的造诣和潜心的研究，造就了德化白瓷的鲜明特色。德化白瓷瓷胎致密，透光度好。纯白色的釉面光润如脂，光照下隐隐现出牙黄色调或微含肉红色，法国人把这种特别的釉色称为"鹅绒白"或"中国白"。白瓷品类繁多，有日用器、供器和瓷雕。装饰工艺技法有印花、贴花、堆塑、刻划、浮雕、透雕等。纹样除借用青铜器上的回纹、兽面纹、夔龙纹、蕉叶纹和道教的太极图案等以外，还有梅花、荷花、弦纹、水波纹、蟹纹以及各式小动物纹等。

明代德化白瓷中最负盛名的是栩栩如生的瓷塑像，其题材多为佛教、道教人物，如观音、达摩、罗汉、关公、王母等。这些瓷雕注重人物的性格刻

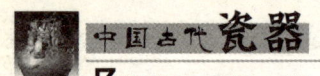

画,设计合理,精工细琢,对比手法的运用更增强了雕像的层次感。

龙泉窑在明代初期还很繁荣,洪武年间,明廷使用器皿中还有少量龙泉瓷。但随着朝廷和达官显贵对青花瓷的青睐及新彩瓷的兴起,龙泉青瓷逐渐出现了衰颓之势,窑厂的规模和数量逐渐缩小和减少。明代中期以后,龙泉青瓷开始偷工减料,胎粗釉薄,成型也很草率,器物质量大大下降。但此时的龙泉青瓷在民间依然有不小的市场,身价也不低。到明末,龙泉青瓷就完全不行了,其产品胎骨粗笨,足底厚重,挖足马虎;釉色多数浑浊灰暗,呈青灰、茶叶末等色;器底往往不施釉。这样的制瓷态度,直接导致了龙泉窑的衰败,以后再也没有发展起来。

明代磁州窑虽已从宋金元的兴旺逐渐衰落,但仍在继续生产,且也偶尔有佳作出现。当时磁州窑在彭城设置了官窑,同时还在磁州南关设立了存放官家酒坛的仓库——"官坛厂",以备顺滏阳河舟运入京。明永乐至宣德年间,彭城窑陶瓷生产出现了民窑、官窑俱盛的景象,彰德府推官张应登在《游滏水鼓山记》碑中提到当时彭城千人的窑厂有千所之多,可见,磁州窑在明代仍然具有极强的生命力。

除这些瓷窑以外,广东省南海县佛山镇的石湾窑,江苏省宜兴县的宜兴窑及山西的法花器也是明代民窑中的佼佼者,它们各有特色,亦各有精品。如石湾窑的仿钧瓷、宜兴窑的紫砂小壶都是为人所熟知的名品。

到了清代,除景德镇外,其他瓷窑更趋衰微,德化窑、宜兴窑、石湾窑等比较流行。

清代德化窑在明代的基础上进一步发展。此时德化窑已经不以生产白瓷为主了,因为此时的白瓷生产质量不断下降,白釉瓷也逐步衰微了。但市场对青花瓷的需求量逐渐增加,所以德化窑从清代中后期开始生产青花瓷。

德化窑在清代前期的发展还比较兴盛,有调查表明,在德化县发现的窑址有一百几十处,其中有相当一部分是从明代一直延续下来的。到了清代中期,大部分瓷窑就集中到了城郊的褒美、良太、三班等地,因为这些地区经济较发达,有着便利的交通,对瓷器的交易和运输都有利。

清代德化窑白瓷延续了明代的风格,但却不再以生产瓷雕仙佛和贡器为主,而是以生产日用器物为主,如碗、盘、瓶、壶、洗等。此时的白瓷釉面大不及明代,色泽泛青,少了温润之感。

清代德化窑生产的青花瓷器釉色清秀雅丽,图案花纹幽靓精美,尤其是

第三章　辉煌的元朝清三代瓷器

外销青花瓷，表现了较高的艺术水平。在清代民间日用瓷器和外销出口瓷之中，德化青花瓷占有一定的比例。

除白瓷和青花瓷外，德化窑还烧制一种以红、绿、黄彩为主的釉上彩瓷——"德化五彩"瓷，为德化窑平添了几分个性。

宜兴窑以生产紫砂壶而著名，专家们分析，明代的宜兴窑已达鼎盛时期，其陶瓷业具有相当规模，并呈现出繁荣兴旺之象。到了清代中期（康、雍、乾时），宜兴陶业继续向前发展，丁蜀地区已是"商贾贸易缠市，山村宛如都会"。

在宜兴，蜀山是紫砂陶器的主要产区，约有十多条龙窑，专门烧造紫砂器，其中很多是从清代就设窑烧造，且一直延至近代。上袁，亦称"上岸"，是紫砂的重要产区，在这里发现的一处龙窑，据初步考察为清代所建，一直烧到民国时期才废弃。潜洛村东头有一处龙窑，这是一个专门烧造紫砂陶的龙窑。从窑址旁的废品堆积看，这是从清代就设窑一直烧到近现代的紫砂窑。除上述窑址之外，青龙山北麓窑，青龙山西北端龙窑，任墅象牙山、石灰山龙窑、羊角山紫砂窑址等都是在宜兴地区发现的，而且它们在清代时一直烧造瓷器。

广东佛山石湾窑开始于宋，极盛于明清两代，它是我国民间陶瓷的一个重要产地，以仿钧瓷最为著名。其仿钧产品被人习惯称之为"广钧"，由于这种仿钧器的胎土仍属陶土，因此又被称为"泥钧"。清代石湾窑较之明代产品更为突出，产品种类更为多样化，既生产盘、碟、碗类日常用品，又生产笔洗、花盆、仿古铜瓶等文房用具和陈设器具；以"渔、樵、耕、读"为主题的陶塑则是其典型的特色品种；瓦脊及其饰物更是其传统的著名产品。

石湾窑器物敦厚，釉较厚，且有光泽。釉色以蓝色、玫瑰紫、墨彩、翠毛釉等色为佳。清代石湾窑产品继承了明代在产品上打陶瓷店号、制品作者等印章款识的特点，如清初康熙年间有"两来正记""文如璧"等款识；清乾隆年间有"沅益店""大昌""宝玉""琼玉""如璋""来禽轩"等款识；清道光年间有"黄炳""霍来""冯秩来""瑞号"等款识；晚清的器物多印晚明的"祖唐居"款识等等。

除以上提到的瓷窑外，磁州窑、龙泉窑等在清代依然在烧造，而且也有一些精品，不过相对于景德镇，这些瓷窑已经失去了往日的荣光，风采不再。

第二节
元明清瓷器的外销与影响

元明清时期中国瓷器的外销

元政府特别重视对外贸易，在未建国前，就与许多国家和地区有贸易往来，如西域、阿拉伯国家等。统一全国后，就在泉州等处设立了市舶司，开展对外贸易。虽然元政府曾一度想将海外贸易变为官办，由政府备船只，出资金，招人经营，但民间私自贸易却一直无法禁绝，因此元代的海外贸易，无论是官营还是私营，都十分发达。在如此发达的对外贸易中，瓷器的外销极为重要，而元朝瓷器百分之九十以上通过海上丝绸之路出口。

海上丝绸之路起于秦汉，兴于隋唐，盛于宋元，明初达到顶峰，明中叶因海禁而衰落。海上丝绸之路的重要起点有番禺（后改称广州）、登州（今烟台）、扬州、明州、泉州、刘家港等。同一朝代的海上丝绸之路起点可能有两处乃至更多。规模最大的港口是广州和泉州。其中广州一直是中国最大的贸易港口，即便是在明清实行海禁时期，广州也是唯一的对外开放港口。

纵观历代海上丝绸之路的路线，我们大致可将其划分为三大航线：①东洋航线：由中国沿海港至朝鲜、日本。②南洋航线：由中国沿海港至东南亚诸国。③西洋航线：由中国沿海港至南亚、阿拉伯和东非沿海诸国。元代的海上贸易十分繁盛，而这时瓷器是海上贸易的主要货物，因此海上丝绸之路又被称为"海上瓷器之路"。

明朝曾一度实行海禁，对外贸易几乎绝迹，瓷器出口也限于对国外的赠与。这一时期，政府的对外馈赠、入贡国使节的回程贸易、郑和的大规模远航贸易和民间的海外贸易都是瓷器出口的重要途径。通过这些渠道，明朝的瓷器不仅继续畅销亚洲各国，而且也大量销售到欧洲。

知识链接

郑和

郑和（1371—1433年），原姓马，小字三宝，云南昆阳（今昆明市晋宁县）人，回族。

明军攻入昆明后，11岁的郑和（本名马和）被俘入宫当了宦官，后入燕王朱棣府中。在靖难之变中，他在河北郑州（在今河北任丘北，非河南郑州）立下战功。永乐二年（1404年）明成祖在南京御书"郑"字赐给马和，改名为郑和，任内官监太监，官至四品，地位仅次于司礼监。

从明永乐三年（1405年）开始，郑和先后七下西洋，访问了许多国家和地区，加深了中国同东南亚、东非的联系。一直到宣德八年（1433年）四月，回程到古里时，在船上因劳累过度而去世。

明代瓷器的大量外销，是在郑和下西洋之后。郑和下西洋可以说是我国古代海运史上的壮举，也是中国明代远洋航行史上值得大书特书的一笔。从公元1405年到1433年的近30年时间里，郑和率领着巨大的船队，七次下西洋，途经亚洲、非洲30多个国家和地区，最远到达现在非洲东岸的索马里和肯尼亚一带。他们历尽千难万险，在海上开辟了一条又一条的远程航线，大大促进了中国和这些国家的政治、经济、文化交流。而在郑和下西洋的过程中，瓷器成了重要的外销物品，受到沿线国家和地区的欢迎。

明嘉靖、隆庆及万历年间，中西瓷器贸易被葡萄牙和西班牙垄断。自16世纪葡萄牙进驻澳门并获得与中国贸易的许可，以及西班牙在菲律宾建立了与中国贸易的基地后，这两个国家就成了中西瓷器贸易的最大获益者。葡萄

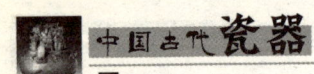

牙航海家科尔沙利等人于明正德九年（1514年）来到中国沿海买去景德镇的五彩瓷器10万件，运回葡萄牙。1522年葡萄牙国王下令所有从东印度回来的商船所载货物的三分之一必须是瓷器。1557年，西班牙传教士阿古斯梯诺、特罗迪、希腊斯等来华，大批中国瓷器就和在美洲掠夺的金银器一起被运往西班牙。1573年6月中旬，两艘西班牙的大帆船从马尼拉港驶往墨西哥海岸的阿卡普尔科，船上载着绸缎712匹、棉布11 300匹和瓷器22 300件，总值30万比索，折合白银7.5吨，贸易利润高达600％，从此拉开了"马尼拉大帆船贸易"的序幕。

　　明代中晚期至清初，中国瓷器外销达到鼎盛时期，在这200余年的历史上，景德镇青花瓷、彩瓷，广东石湾瓷、福建德化白瓷和青花瓷，安溪青花瓷等成为主要的外销瓷器。这一时期的外销瓷数量很大，17世纪每年输出约20万件，18世纪最多时每年约达百万件。输出的国家和地区有东亚的朝鲜半岛和日本、东南亚及欧美诸国。运输路线一条是从中国福建、广东沿海港口西行达非洲，继而绕过好望角，沿非洲西海岸航行到达西欧诸国；另一条是从福建漳州、厦门诸港至菲律宾马尼拉，然后越太平洋东行至墨西哥的阿卡普尔科港，上岸后陆行，经墨西哥城达大西洋岸港口韦腊克鲁斯港，再上船东行达西欧诸国。这就是著名的"大帆船贸易"。据近人考察，1602—1682年间荷兰东印度公司贩运的中国瓷器即有1 600万件以上。17世纪，荷兰成了海上霸主，也代替葡萄牙、西班牙，垄断了瓷器贸易并成了陶瓷贸易的最大获益者。据有关资料统计，从1625年荷兰占领台湾开始算起（因为在此以前瓷器并不是大宗货物），到1650年的25年里，一共有大约有550艘左右的船来往于荷兰和东南亚，其中直接与中国贸易的大概每年有2至3艘船。据研究当时一艘大船如果装瓷器的话大概会以200个木箱的瓷器来压舱，总共大概是20万件左右的瓷器。如果我们以每年2.5艘的平均值计算，其装载瓷器的总数应该在1 600万件左右。17世纪的中西贸易，使得荷兰东印度公司的实力飞速增长，荷兰也被称为"海上的马车夫"。

　　从17世纪末到18世纪，荷兰的海上霸主地位消失，英、法等国先后加入到了中西瓷器贸易的行列，中国和欧洲的瓷器交易出现了多国并举的局面。到18世纪30年代，英国进口瓷器数量开始超过荷兰。1699年，英国商船从中国运走瓷器53箱；1717年，两艘英国商船从中国运走30.5万件瓷器；1721年，四艘英国商船从中国运走超过80万件的瓷器。1730年，英国东印度公司购进中国瓷器 51.7 万件。即使在 18 世纪下半期，中国瓷器在欧洲市场上销售减弱的情况下，英国仅在 1780 年一年就向中国订购了 80 万件瓷器。至于这一时期，英国到底从中国进口了多少件瓷器，很难计算清楚，那整个欧洲的进口数量就更难以估计了。

从 18 世纪末期，欧洲国家对中国瓷器的进口大大减少，特别是英国。其原因大致有两个方面：一是东印度公司认为比较粗重的瓷器可以减少运输过程中的破损，而且在欧洲市场由于耐损耗的特点而需求量比较大；二是当时欧洲的制瓷业已经有了相当的发展，由于其更加迎合西方消费者的情趣，并且交货迅捷，在比较高档的瓷器上面尤其有竞争力。到 19 世纪，中国瓷器的出口主要是对美国一个国家。但是到道光末年，美国大规模的中国瓷器进口也已经停止了，主要是因为中国瓷器的质量已经下降，质量更好、装饰和器形更适合西方人口味的欧洲瓷器的价格已经比中国瓷器更便宜并且占领了大部分市场。同治、光绪两朝，整个社会更加动乱和衰败。在这一时期，景德镇的各制瓷窑厂，官窑虽然没有停止生产，但所制大多是一些宫廷婚喜、寿庆的应酬、赏赐之品。民窑所产，虽无特别精致之作，但数量却仍很多。从 19 世纪末到 20 世纪初的民窑中，制有一些比较好的仿古瓷，但这并不是当时制瓷业的主流。鸦片战争以后，我国国内制瓷业更加败落，对外贸易也就甚为寥落了。

中国制瓷技术的对外影响

中国制瓷技术最早传播到朝鲜和日本。朝鲜在 10 世纪初即已仿造越窑、汝窑青瓷，日本在南宋和明初都曾派人来中国学习制瓷。11 世纪中国陶瓷技术传到波斯，又从波斯传到阿拉伯，15 世纪传到意大利及欧洲其他各国。14～15 世纪中亚、欧洲所造陶瓷中常具有中国风格。但是一直到 16 世纪中叶，欧洲人都没有制出真正的瓷器来。

大约在 1575 至 1587 年间，意大利佛罗伦萨的陶工从葡萄牙人那里得到了有关中国瓷器原料成分的一些情况，以玻璃、水晶石粉、沙子、维琴察黏土、法恩扎白土等十几种原料，制出了一种软质瓷。其胎质、釉质都与中国瓷器相去甚远。1709 年，德国的一位炼金术士在实验室里制出了真正的硬胎瓷器。次年他在迈森开办了瓷厂。而此时，中国瓷器经由海路进入西方已近

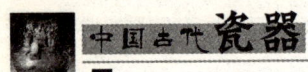

两个世纪。1713 年,这个瓷厂的第一批产品出现在莱比锡博览会上。法国和英国直到 18 世纪 60 年代才掌握硬瓷的配方或者找到原料。但是此时的欧洲硬瓷生产才刚刚起步,产量小、价格高,只能满足一部分人,大部分还需从中国进口。

18 世纪下半叶,英国出现了一位瓷业大王——乔赛亚·韦奇伍德,开创了英国乃至于欧洲陶瓷业的新局面。

知识链接

乔赛亚·韦奇伍德发迹史

韦奇伍德于 1730 年出生在英国斯塔福德郡的一个陶器世家。9 岁由于父亲去世开始在陶器厂当学徒,24 岁时成为一个陶器厂的合伙人,1759 年他开设了自己的陶瓷厂。此时他用新制的绿色及黄色釉制作陶瓷,产品呈奶油色陶瓷。据说为了改进这种白陶,他先后数年试验了 1 万多次,最后制出了一种"价格便宜,工艺简单,但外观新颖,无论冷热均能保持色彩绚丽的陶器",其中的一种仿制中国青花瓷的白地兰花瓷被称为"碧玉瓷"。为了便于原料和成品的运输,他还投资参与修凿运河和公路。韦奇伍德的第一台引擎旋床是他按照陶器生产的特殊需要在伯明翰的铸造厂改制的,1782 年安装了第一台瓦特的蒸汽机,用在一些需要的工序上面。

韦奇伍德在营销方面也很在行,为了推广他的奶油色陶瓷,先后在伦敦、巴思、都柏林等地开设了展厅和专卖店。1771 年,他将自己的陶器包裹寄给了 1 000 名德国贵族和上层人士,顾客可以选择按内附发票的价格买下商品,也可以退回包裹,结果大部分人买下了他的陶器。1763 年,他将一套细陶餐具送给了乔治三世的夏洛特王后,两年后又为她生产了一套茶具,因此使他被任命为"王后特供陶工",这样,他的陶器就有了"王后陶器"的美名。以上流社会认可引导市场的做法使他获得了极大的成功，同时也打开了全欧洲乃至世界的市场，到1783年，韦奇伍德陶瓷的出口率已占总销量的80%。

第三节 元明清瓷器精品赏鉴

元代瓷器精品赏鉴

1. 青白釉观音坐像

青白釉观音坐像由景德镇出品，通高65厘米。坐像胎体由三块组成，头部、腰际接痕明显。通体施青白釉，晶润光洁，如冰似玉。观音体态硕壮，广额丰颐，面部塑造极为传神，胎体的帔帛、长裙线条流畅，衬托出优美的形体，是元代景德镇瓷塑艺术的杰作。

2. 青花缠枝牡丹纹兽耳罐

青花缠枝牡丹纹兽耳罐，通高38.4厘米，

青白釉观音坐像

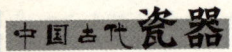

直口，颈部稍高，鼓腹，圈足。通体纹样密满，然机构合理，排列有序。肩腹两侧堆贴兽耳，有孔，可供穿环之用，器身牡丹花瓣与瓣之间以串珠相隔，花叶硕大，具有元代纹样特征。

3. 青花鱼藻凸花牡丹大盘

青花鱼藻凸花牡丹大盘，直径48.2厘米，菱花口板沿，兜腹圈足。此盘口沿、内壁青花地留白凸起缠枝花开，盘心青花绘鱼藻纹。印花凸起纹饰是元代常见装饰方法，但在青花瓷器上非常少见，其珍贵程度不言而喻。如此硕大的盘子，适应阿拉伯人的生活习惯，应为元代景德镇窑专为西亚烧制的外销瓷器。

青花缠枝牡丹纹兽耳罐

青花鱼藻凸花牡丹大盘

4. 青花荷鹭双耳罐

青花荷鹭双耳罐，通高37.9厘米，上口缩颈，溜肩鼓腹，收胫浅圈足，肩腹之间饰两兽耳。此罐其口、颈、肩、胫部绘画的卷草纹、缠枝花卉、双脚流云、仰覆莲中的火珠，大如意垂云山的折枝花以及主题纹饰荷塘鹭鸶，都是元代青花瓷器中常见的题材，纹饰自然得法，疏密得间，韵味无穷。

第三章　辉煌的元朝清三代瓷器

5. 景德镇窑釉里红飞雁衔芦纹匜

景德镇窑釉里红飞雁衔芦纹匜，规格为 5.5 厘米 ×14.3 厘米 ×8.7 厘米，敞口，底略内凹，长方槽形短流，流下有一卷方形系，口沿无釉，砂底。该器物外施青白釉，釉面光泽莹润。内壁的釉里红绘一周宽带纹，内刻水波纹；底心绘有飞雁衔芦纹。

景德镇窑釉里红飞雁衔芦纹匜

6. 钴蓝釉白龙纹梅瓶

钴蓝釉白龙纹梅瓶，通高 24.5 厘米。此件瓷器釉色肥润纯正，瓶身硕大粗壮，是元代梅瓶的典型式样。所刻白龙方头细颈，利爪长鬣，蓝白色彩对比强烈，白龙细部用划花描绘，使其具有立体感。龙纹为元代的典型纹饰，凶猛灵动，潜藏杀意，观之令人赞叹不已。

7. 瓜棱荷叶盖罐

瓜棱荷叶盖罐，龙泉窑烧制，通高 32 厘米，圆口，短直颈，鼓腹，圈足稍高，附荷叶形茎蒂形纽盖。此罐纹样为瓜棱形，饰以粉青釉，足底无釉，

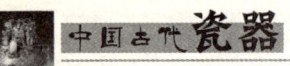

拓红色，胎质细腻坚硬，胎体敦厚，形制雄伟，有气魄。

8. 缠枝牡丹纹瓶

缠枝牡丹纹瓶，龙泉窑烧制，规格为 45.5 厘米×19.5 厘米×13 厘米，出土于呼和浩特市白塔村元代丰州小古城遗址。通体施天青色釉，晶莹润泽，为元代龙泉瓷中的佳品。元代龙泉瓷器的装饰技法达到了中国青瓷装饰史上已达极至。各种技法在元代瓷器上几乎都有运用，除传统的刻花、划花、印花、贴花、铁褐点彩等技法外，还新创了露胎贴花、露胎印花、铜红点彩、镂雕等技法。

钴蓝釉白龙纹梅瓶 　　　　瓜棱荷叶盖罐 　　　　缠枝牡丹纹瓶

明代瓷器精品赏鉴

1. 青花折枝花纹八方烛台

青花折枝花纹八方烛台，永乐年间烧制，高 38.5 厘米，口径 9 厘米，足径 23.5 厘米，由大小两承盘及底座组成。上下承盘以支柱相连，底座内凹呈八角形。自上而下，纹饰分别为焦叶纹、变形的莲瓣纹及折枝花开纹等。造型美观，胎质细腻，白中泛青；青花色泽亮丽，微有晕散现象，釉面肥亮。

第三章　辉煌的元朝清三代瓷器

青花折枝花纹八方烛台　　　青花缠枝葵花纹执壶

2. 青花缠枝葵花纹执壶

青花缠枝葵花纹执壶，永乐年间烧制，高 27 厘米，器身作玉壶春瓶式。敞口，削肩，鼓腹，圈足。一侧附长流，流与颈之间以一弯状花饰连接，另一侧有弯形长柄，流、口、柄高低相若，形制规整高大。胎骨厚重坚硬，通体釉质肥厚，青花成色艳丽。

3. 青花一把莲纹大盘

青花一把莲纹大盘，宣德年间烧制，口径 40.5 厘米，敛口圆腹，圈足内细砂底。器形规整大方，胎质坚硬洁白，白釉肥润。盘外壁绘卷茧、缠枝莲与回纹；盘心绘一把莲纹；内壁绘缠枝花开；口沿饰海水纹。笔法流畅有力，青花发色典雅，在明宣德年间很少见，规格较大。

4. 青花瑞果纹大碗

青花瑞果纹大碗，宣德年间烧制，口径 9.5 厘米，胎质细密坚硬，白釉微微闪青，釉光莹润如玉。碗外壁以青花绘桃子、石榴、柿子、葡萄等六组瑞果纹；腔部以莲瓣纹衬托；足部绘六组花卉纹；外口沿落"大明宣德年制"一行六字楷书款。苏麻离青深入胎骨，自然晕散，此特征为永宣时期青花所独有。大碗制作技艺纯熟，青花发色艳丽，保存完好，为传世同类器物中之上品。

167

中国古代瓷器

ZHONG GUO GU DAI CI QI

青花一把莲纹大盘

青花瑞果纹大碗

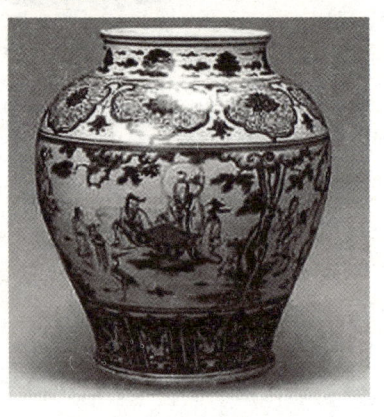

5. 青花八仙祝寿图大罐

青花八仙祝寿图大罐,天顺年间烧制,高43厘米,直口短颈,丰肩鼓腹,腹高渐敛,宽圈足。颈部绘云纹;肩部饰如意云;肩内绘莲纹;腹部通体绘八仙祝寿、三星对弈图,笔意自然流畅;腔部绘莲瓣纹。现存真品有小伤。

青花八仙祝寿图大罐

知识链接

古代瓷器鉴定术语

在多年的古瓷器鉴定中,逐渐形成了一些行业术语,成为"规范化术语"。

口磕——器物口部受外力碰撞出现的大小不等的缺磕伤痕。

冲口——器件因冲撞在口边出现的裂痕,这种细小裂痕长短不一,有的甚至不易看出。

毛口——口边的釉面间断脱缺。

截口——器件的口部或颈部因碰撞而损坏,而器身完好无损,为保持一定的观赏价值，将损坏的器口或颈部截去，修磨平整。

毛边——器物口面的覆釉因伤全部脱落。

重皮——器物口部因受重伤出现断面隐患，但外观尚完整；胎釉已分裂却未剥离，往往一触即脱落。

棕眼——器件烧制过程中，釉面中的气泡受热胀破，没有弥合而形成的小孔。

窑裂——由于窑内火力不匀，胎体受热不均而出现的裂纹。

缩釉——瓷胎面上有油污，所施的釉未能全部附着而出现的漏胎现象。

窑粘——瓷器坯体在烧制过程中与其他坯体粘连在一起，出窑后在器件上留下粘连的痕迹。

变形——指器口不平、器身歪斜或变形、底足不平等造型方面的缺陷。

漏釉——器物施釉时，局部有疏漏而露胎无釉。

片纹——瓷器釉面上出现的长短不一的相互交错的细裂纹片，与开片大致相同。

软道——瓷器釉面久经摩擦而出现的细微丝纹。

冷墨——本不应出现片纹的器物，但在釉面上出现了一二条纹路，胎体已透或未透。

失亮——器物釉面或彩绘的表面，被硬物划破后留下的伤痕。

伤釉——由于釉与其他物体磨擦，致使釉面局部损伤。

剥釉——由于釉面受酸、碱、盐的侵蚀，或器物入土受浸而使釉面脱落。

磨款——故意磨去青花、红彩等款，冒充其他年代器物。

磨底——足底内原来有釉，由于某种目的，如有意冒充其他年代，而把釉磨去。

复烧——二次入窑烘烧。

烟熏——用烟熏作旧，嗅之有味。

配腿——因香炉、马、兽等的腿或足已残伤不全，而进行补腿。

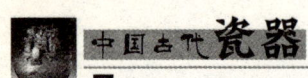

配盖——用朝代不同器物的盖相配。

炸纹——器物的颈、肩或腹部受撞击后，出现放射状鸡爪纹。

炸底——因投放物件或外部冲击，而致器底产生裂纹。

水锈——器物长期受土埋水浸，有灰黄、铁红或铜绿色等化学物质黏附于器表。

补釉——在器口磕缺部分或磨口处，敷以釉汁，入火烧之。

猪油白——器物的底足像涂了猪油似的泛白，抚之光滑如玉。

假出土——仿古各类器物，有意长期埋入地下，以期整新如旧，低温铅釉和五彩、粉彩等器，尤其易于氧化或腐蚀。

镶嘴流——壶流已消失，用其他嘴镶补。

后刻阴款——在器物上用钻石工具刻款，不施釉，或刻后施釉入窑烘烧，后刻的字口、釉的切面有些不齐，且釉边不光滑。

后作阳文款——在器物底部，后刻阳文款字而施以釉，或用釉堆写款识，多不够清晰。

后加彩——在以前的旧瓷器上加彩绘，低温烧制形成彩瓷。

6. 青花人物图大罐

青花人物图大罐，天顺年间烧制，高37.9厘米，胎质厚重，青花色泽具有晕散效果。罐身肩部绘海马纹，颈部绘海水纹，腹部通体绘高士秋游图，或倚栏赏景，或骑马前行，人物形象，笔力飘逸。现存真品有修补。

青花人物图大罐

第三章　辉煌的元朝清三代瓷器

7. 青花荷塘鱼藻纹碟

青花荷塘鱼藻纹碟，成化年间烧制，直径 15 厘米，器身内外绘鱼藻花塘纹，碟上游鱼姿态各不相同，十分生动，青花釉色丰富多姿。

8. 青花缠枝百合纹碗

青花缠枝百合纹碗，成化年间烧制，口径 14.6 厘米，口外侈，腹圆弧，矮圈足，造型端庄圆润，线条优美。胎质细腻洁白，胎体轻薄，釉色温润如玉，青花幽靓淡雅。器外壁主题纹为缠枝百合，喻意为百年好合。

青花荷塘鱼藻纹碟

9. 青花斗彩花鸟纹高足杯

青花斗彩花鸟纹高足杯，成化年间烧制，高 8 厘米，口外撇，深腹，高足。白釉莹润，胎质细腻。杯外壁绘花鸟纹饰，笔触细致，绘画自然，青花发色淡雅，为明成化时期的典型器物。

青花缠枝百合纹碗 　　　　**青花斗彩花鸟纹高足杯**

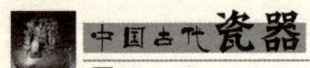

10. 青花海水龙纹盘

青花海水龙纹盘，明中期烧制，口径21厘米，撇口、弧壁、圈足，足内为海水纹和缠枝莲纹，盘内海水龙纹，盘外壁也绘有一样的纹饰，胎壁厚薄适度，略有塌底，白釉稠密，青花深沉，带铁斑。

11. 青花人物纹炉

青花人物纹炉，弘治年间烧制，高12厘米，直口、筒腹、工底，三足呈兽头状。釉细白肥厚，温润似脂，内外满釉，底足中心为白砂底。内壁光素，口沿一周饰弦纹，外壁口沿一周饰两方连续的回纹。腹部主题纹饰：一仕女手抱琵琶，另外两个仕女持物相随，抬头望远。前面有一座高高的城楼，上立三员蕃将，中间一员似为首领，正向身边的蕃将下令。画面以松树、白云为衬景，当是表现昭君出塞的历史故事。此炉青花蓝口闪灰，成色柔和，人物线条粗放流畅，意到笔随。画面布局疏朗有致，留有一些空白，是弘治民窑中的优秀作品。

青花海水龙纹盘 　　　　　　　　青花人物纹炉

12. 黄地青花折枝瑞果纹盘

黄地青花折枝瑞果纹盘，正德年间烧制，口径19.5厘米，有"正德年制"四字二行楷书款。黄釉施于青花器之上，形成黄地青花，此品种创烧于明初宣德时期，至正德时方出现收口式盘，为官窑器的名贵品种。盘心绘花纹，内壁圈绘以莲花、桃、石榴及葡萄纹，青花典雅，黄釉娇艳，传世极少，

十分珍贵。

13. 青花回纹多孔瓶

青花回纹多孔瓶，正德年间烧制，高25.2厘米，有"大明正德庄制"楷书款。圆顶上拱，上有七孔，用于插花。通体绘缠枝花纹，腹部开光，书有回文字。在明正德时期，因受伊斯兰教的影响，回文开始出现在瓷器上。

黄地青花折枝瑞果纹盘

青花回纹多孔瓶

青花人物图葫芦瓶

14. 青花人物图葫芦瓶

青花人物图葫芦瓶，正德年间烧制，直口，束腰，平底无釉，呈双节葫芦状，造型典雅别致。胎质细腻，釉面白中泛青，青花色泽淡雅柔和。画面布局繁满，多组构图。呈八周纹饰带：口沿上绘回纹；颈部绘莲托八宝纹；主题纹饰云亭仙境故事；束腰处绘锦纹和仰覆莲花；近足处绘一周莲瓣纹。

15. 青花花鸟长方盘（一对）

青花花鸟长方盘（一对），隆庆年间烧制，长 13 厘米，胎体坚致，釉色白中泛青，纹饰流畅；青花色泽浓艳，为典型的回青料，有"隆庆年造"四字双行楷书青花款。

青花花鸟长方盘（一对）

16. 青花缠枝莲纹葫芦瓶

青花缠枝莲纹葫芦瓶，嘉靖年间烧制，高 19.5 厘米，胎壁厚重，葫芦形，谐音寓意"福禄"；通体绘满莲纹，在多叶的缠枝上有莲花开放，寓意"寿意连绵"。口沿写"大明嘉靖年制"六字楷书横款。底有蟹爪纹。

青花缠枝莲纹葫芦瓶 　　青花穿花龙纹梅瓶

第三章 辉煌的元朝清三代瓷器

17. 青花穿花龙纹梅瓶

青花穿花龙纹梅瓶，万历年间烧制，高 56 厘米，长圆形，圆肩鼓腹，短颈撇口，砂底无釉；肩部写"大明万历年制"六字楷书横款，器腹莲瓣纹之间绘两条穿花五爪龙，青花发色蓝中稍带灰。口小崩，窑缝。

18. 青花龙组缠枝团寿纹盖罐

青花龙组缠枝团寿纹盖罐，万历年间烧制，高 63 厘米，有"大明万历年制"楷书款。直口，丰肩，圆腹，修足，盖上有龙头纽，青花纹饰遍布全身。

19. 青花荷莲纹执壶

青花荷莲纹执壶，天启年间烧制，高 21.5 厘米，撇口长颈，端肩鼓腹，缩腔圈足，肩部出流至口沿，以短梁和颈连接，相对处置柄，高处有一小系略残。

青花龙组缠枝团寿纹盖罐　　　　青花荷莲纹执壶

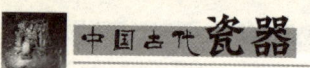

20. 青花婴戏笔筒

青花婴戏笔筒，崇祯年间烧制，高 20.3 厘米，直口平沿，直腹中部微内收，下部对称有两兽头，平底，为明晚期流行的笔筒式样。胎体厚重，胎质坚硬，器身纹样为婴儿嬉戏图，用深色青花渲染，造型形象，令人难忘。

21. 菱口暗花大盘

菱口暗花大盘，龙泉窑烧制，直径 47 厘米，胎体厚重，施釉比宋、元时薄而透明，刻划花卉是主要装饰方面。菱花口和凸棱壁使硕大笨重的器物略显秀丽。

青花婴戏笔筒 　　　　　　　　　　菱口暗花大盘

22. 暗花葫芦瓶

暗花葫芦瓶，嘉靖年间龙泉窑烧制，高 45 厘米，葫芦形，口大外撇，较为别致，道教庙堂用具；胎体厚重古拙，釉面肥厚呈青绿色，仿宋龙泉，暗刻缠枝莲，风格粗放；阴文，积釉处深邃；底露胎无釉，火石红及跳刀痕很明显。

23. 鹤鹿老人

鹤鹿老人，德化窑烧制，塑造技巧很高。老人鹤发童颜，双眼微沉，面带慈祥的笑容，身穿宽大的鹤氅，怡然自得地盘坐于洞石之上。他的头微偏，两臂交叉扶于石桌之上，右手托一经卷，似仙风道骨的老神仙。在石洞左侧卧一小鹿，昂头竖耳，睁眼朝着老人头的方向凝视，洞口右侧立一仙鹤，长腿、曲颈，作寻觅状。这一静一动的完美结合，给瓷塑增加了不少的生气和情趣。老人背后刻有阴文"何朝宗"三字葫芦形印章款。

24. 釉星红菊花纹棱口大盘

釉里红菊花纹棱口大盘，洪武年间烧制，口径45.2厘米，折沿棱口，深腹，浅圈足，足墙外敛内撇，整个造型宛如一朵盛开的莲花。盘口径近46厘米，虽具有元代瓷器造型硕大雄健的遗风，但已于浑厚中透露出秀美飘逸的气息。器身纹样多见釉里红绘成，主题纹饰为菊花纹。釉质肥腴，白中微闪青灰，釉里红成色红中偏灰。

暗花葫芦瓶 　　　　　鹤鹿老人 　　　　　釉星红菊花纹棱口大盘

清代瓷器精品赏鉴

1. 背花开光山水人物琵琶尊

背花开光山水人物琵琶尊，康熙年间烧制，规格为14厘米×20.5厘米，梨形腹，束颈，盘口呈喇叭状，底微撇。盘口外墙装饰有斜线纹，颈上画博古图：有琴棋书画、笔墨纸砚、瓶插珊瑚、翎毛、花卉、香炉、水盂、屏风、

如意、镇纸、秋叶、方鼎、羽扇等；尊腹回纹与莲瓣纹之间的两片开光内绘山水人物纹，前为"渔家乐"，后有"访友图"，足边饰连珠纹，底有双圈秋叶款。青花发色明艳，富有层次；画工细致，层次分明。此尊为康熙年间青花的典型佳作。

青花开光山水人物琵琶尊

青花《圣主得贤臣颂》笔筒

2. 青花《圣主得贤臣颂》笔筒

青花《圣主得贤臣颂》笔筒，康熙年间烧制，高19厘米，直筒形，形制端庄周正。外壁以精美的馆阁体小楷书《圣主得贤臣颂》全文，文尾落"晤梅堂制"篆书印章款。青花色泽温润，字体俊逸有力，脐状底处以青花书"大清康熙年制"六字款，康熙时期的瓷制笔筒，像这样同时落年号款和堂号款的十分罕见。

知识链接

馆阁体书法

书法上的所谓"馆阁体"，指流行于馆阁及科举考场的书写风格，明代称"台阁体"，清代改称"馆阁体"。所谓"台阁"，本指尚书，引申为官府之代称。

馆阁体属于官方使用的书体，特指楷书。是由欧、赵两种书体渐渐演变而形成的。历代统治者都视欧体与赵体为正宗，遂成学书必经之路。同时为了规范，又削减了欧、赵的个性。在明清科举考场上，必须使用这种书体。它强调楷书的共性，即规范、美观、整洁、大方，不强调个性。作为官方使用的一种书体，馆阁体强调共性，强调规范，本是无可厚非的。但从欣赏的角度出发，缺乏个性的东西总是不完美的。从书法的大前提看，一种好的书体应该同时具备共性和个性。从这个角度说，馆阁体是有一定局限性的，千人一面、千部一腔，常常流于俗，是明、清科举取士书体僵化的产物。

3. 青花宝相轮花纹绶带耳葫芦扁瓶

青花宝相轮花纹绶带耳葫芦扁瓶，雍正年间烧制，直径37厘米，口沿小修。扁圆瓶身，前后绘宝相轮花，花心为阴阳八卦纹，边际环以花瓣形纹；两侧则绘缠枝灵芝；束颈起棱；圆球形口，上饰一周缠枝花纹；绶带耳上绘折枝花；底承方足。葫芦瓶造型受中东的金属制品的启发，清雍正青花宝相轮花纹绶带耳葫芦扁瓶的形制则直接仿自明初永乐、宣德朝作品。和永乐、宣德时的区别在于：永、宣的器具物上半腹斜直较瘦小，康、雍开始加宽下垂；永、宣时的绶带耳略小，小圈足，椭圆形，而清代康、雍时的绶带耳则大而飘，圈足略大，圆角方形；从工艺上看，永、宣的上下对接，而康、雍的则前后相合。

青花宝相轮花纹绶带耳葫芦扁瓶

4. 青花折枝花果梅瓶

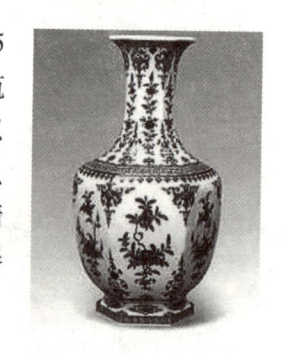

青花折枝花果梅瓶，乾隆年间烧制，高32.5厘米。此瓶肩宽体胖，口颈相对厚高，主题纹饰折枝花果疏朗规矩，肩、腔绘莲瓣纹和蕉叶纹，略显程式化。此类作品在以后各朝一直延用，但均没有达到此时的水平。

青花折枝花果梅瓶

5. 青花折枝花果纹六方瓶

青花折枝花果纹六方瓶，乾隆年间烧制，高66.5厘米，有"大清乾隆年制"六字三行篆书款。六方形瓶体，造型周正，釉质肥厚润泽，青花色泽青翠。纹饰以肩为界，上部绘折枝花卉纹，下部绘折枝佛手、石榴、寿桃及花开纹，寓以"福禄寿"三多之意。绘画工艺精湛，图案绚丽多姿。其他是乾降时期官窑青花的典型器物，瓶底有纹饰。

青花折枝花果纹六方瓶

6. 青花八吉祥纹盉

青花八吉祥纹盉，嘉庆年间烧制，造型源于古代青铜器，器有斜直流柄，下承四柱形足，鼓腹上绘莲托八吉祥纹，流、柄、四足、颈部、器盖上画有缠枝灵芝，圆弧形器盖上有瓜蒂形纽。底书青花"大清嘉庆年制"六字篆体印章款。

7. 青花开光花卉纹茶壶

青花开光花卉纹茶壶

青花八吉祥纹盉

青花开光花卉纹茶壶，道光年间烧制，高17厘米，有"大清道光年制"六字三行篆书款。盖顶及肩部绘如意纹边饰，腔部绘莲瓣纹，宝相花绘满瓶身，两侧海棠形开光，内绘牡丹花卉图。画工细腻，色彩淡雅，是道光官窑青花瓷的典型器物。

第三章 辉煌的元朝清三代瓷器

8. 釉里红福庆图壮罐

釉里红福庆图壮罐,乾隆年间烧制,高 21 厘米,直口颈,肩以下至腔部呈直筒形,高圈足,外形上下对称,器型仿制明永乐、宣德朝壮罐,罐内及底施白釉,釉色微微闪青。外壁满绘 5 层纹样,上下 4 层为回纹、如意云纹、变形莲瓣纹、锦地纹,中间主题纹样是由并蒂莲、玉磬、蝙蝠组成的"福庆"百祥图案。

青花开光花卉纹茶壶

釉里红福庆图壮罐

9. 釉里红团凤摇铃尊

釉里红团凤摇铃尊,康熙年间烧制,高 22 厘米,有"大清康熙年制"楷书款。此尊敞口长颈,端肩缩腹,浅圈足。胎体细密坚致,釉面纯净光润、白似含粉,釉里红发色纯正,纹饰明朗,造型别致,是康熙官窑瓷器中的精品。

10. 青花海水矾红飞龙天字罐

青花海水矾红飞龙天字罐,高 9.5 厘米,青花"天"字款。器形为直口、短颈、圆肩,鼓腹下部内敛,内挖圈足,附盖。天字罐,因罐底无边栏的青花"天"字而得名。盖多平顶微凸,直壁,覆于罐口。

釉里红团凤摇铃尊

181

罐腹多见海马纹，其他有海水龙纹、缠枝莲纹等纹饰。天字罐在清康熙、雍正、乾隆时期均有仿制，康熙朝仿品胎体坚致厚重，雍正、乾隆朝胎薄质细，釉下有非常明显的旋纹。

11. 斗彩番莲团菊文盖罐

斗彩番莲团菊文盖罐，乾隆年间烧制，高12厘米，形制与纹饰均仿明成化年间斗彩瓷。白釉底，圈足较大，书青花"大清乾隆年制"六字三行篆书官款。此罐所绘花卉与成化朝瓷器的不同之处，在于其以彩绘有了花蕊，并突

青花海水矾红飞龙天字罐

破了五彩色料不多的局限，用色达五六种，色料平涂，纹饰呈图案式，规整对称，是乾隆朝官窑斗彩的上品。此器优良，保存品相好，尤其珍贵。

12. 青花珐琅黄地轧道绿彩三多纹牡耳尊

青花珐琅黄地轧道绿彩三多纹牡耳尊，乾隆年间烧制，高35.3厘米，器形奇特，色彩鲜明。上有"许人出品"四字二行篆书款。

斗彩番莲团菊文盖罐 　　　　琅黄地轧道绿彩三多纹牡耳尊

13. 珐琅彩芦雁纹杯（一对）

珐琅彩芦雁纹杯（一对），乾隆年间烧制，口径4.4厘米，圆腹圈足，器

形规整，胎釉细腻，壁薄透明，环壁通体为芦雁纹，五个大雁或飞或栖，神态生动；芦花盛开，枝叶衬托，垒石一侧写款：斜倚风苇燕燕衾，远眺烟波渺渺平。胭脂红章：佳丽，四年，御，安。

珐琅彩芦雁纹杯（一对）

14. 五彩花鸟纹盖罐（一对）

五彩花鸟纹盖罐（一对），康熙年间烧制，直径29厘米，直口、平肩、圆腹、平底，附半圆形盖。造型丰润，胎釉细致。器身及盖饰七喜繁花图案，笔触细腻秀润，构图巧妙，施彩绚丽多彩，呈现出"喜上枝头春意闹"的景象。成对配盖且完整传世，十分难得。

五彩花鸟纹盖罐（一对）

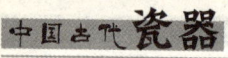

15. 素三彩罗汉坐像

素三彩罗汉坐像，清中期烧制，高20.5厘米。罗汉端坐于长方形基座之上，身着彩绘袈裟，绘制细致，图案多变，色彩丰富。罗汉笑容可掬，双耳垂肩，左手垂扶腿上，右手持念珠一串，神态悠然。

16. 粉彩九桃五蝠天球瓶

粉彩九桃五蝠天球瓶，乾隆年间烧制，高50厘米，造型硕大挺拔，彩绘技法娴熟，画工精细工整。天球瓶造型始于明永乐时期，雍正、乾隆时再度盛行，以"彩绘"纹者，是雍正、乾隆官窑的标准器物，绘九桃的，在乾隆官窑中最常见。桃在中国传统文化中是一种吉祥之物。传说桃木可驱鬼，桃实食之则可延年益寿，遂成为长寿的象征。"九"在中国传统文化中则是至尊之数，九桃绘于瓶上，再加上5个蝙蝠，寓意平安祥顺，万寿无疆。

素三彩罗汉坐像　　　　　　粉彩九桃五蝠天球瓶

17. 粉彩镂空六角套瓶

粉彩镂空六角套瓶，乾隆年间烧制，高40.6厘米，六方体，折口，直颈端肩，直腹下收，高足外撇。通体在各种颜色地上用粉彩、金银彩，绘灵芝、卷草、蕉叶、蝠、蝶、花卉，腹部开光镂空雕粉彩花卉，内层以青花绘缠枝花纹，吸收西洋画技法，纹饰亦有西方元素，加之造型高大，胎体厚重坚致，工艺复杂，是乾隆官窑不可多得的精品。

第三章　辉煌的元朝清三代瓷器

18. 德化窑观音像

观音像，德化窑烧制，高 60 厘米。观音盘坐于莲花座上，高髻系巾，双目低垂，神态娴静，身裹披风，胸佩璎珞，一手托钵，一手持柳，衣褶柔软自然，充分利用了德化窑瓷土可塑性强的特点，做工精致，形象生动。

粉彩镂空六角套瓶　　　　　德化窑观音像

图片授权

全景网

壹图网

中华图片库

林静文化摄影部

敬　启

本书图片的编选，参阅了一些网站和公共图库。由于联系上的困难，我们与部分入选图片的作者未能取得联系，谨致深深的歉意。敬请图片原作者见到本书后，及时与我们联系，以便我们按国家有关规定支付稿酬并赠送样书。

联系邮箱：932389463@qq.com

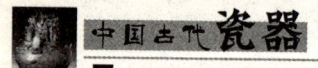

参考书目

1. 上海博物馆. 幽蓝神采——元代青花瓷器特集. 上海：上海书画出版社. 2012
2. 吕章申. 中国古代瓷器艺术. 安徽：安徽美术出版社. 2011
3. 李彦君. 古代瓷器鉴赏与投资. 安徽：安徽美术出版社. 2011
4. 姚江波. 中国古代瓷器鉴定. 湖南：湖南美术出版社. 2009
5. 唐建. 中国古代瓷器鉴定实例. 北京：紫禁城出版社. 2009
6. 明清官窑瓷器
7. 湖北省博物馆. 古代瓷器. 湖北：文物出版社. 2007
8. 潘嘉来. 中国传统瓷器. 北京：人民美术出版社. 2006
9. 铁源. 明代青花瓷器. 北京：华龄出版社. 2005
10. 铁源. 晚清民国瓷器. 北京：华龄出版社. 2005
11. 裴亚静. 陶冶之美. 北京：文物出版社. 2004
12. 吕成龙. 中国古代颜色釉瓷器. 北京：紫禁城出版社. 2004
13. 铁源. 明清五彩瓷器. 北京：华龄出版社. 2003
14. 秦大树. 石与火的艺术：中国古代瓷器. 四川：四川教育出版社. 1996

中国传统民俗文化丛书

一、古代人物系列（9本）
　1. 中国古代乞丐
　2. 中国古代道士
　3. 中国古代名帝
　4. 中国古代名将
　5. 中国古代名相
　6. 中国古代文人
　7. 中国古代高僧
　8. 中国古代太监
　9. 中国古代侠士

二、古代民俗系列（8本）
　1. 中国古代民俗
　2. 中国古代玩具
　3. 中国古代服饰
　4. 中国古代丧葬
　5. 中国古代节日
　6. 中国古代面具
　7. 中国古代祭祀
　8. 中国古代剪纸

三、古代收藏系列（16本）
　1. 中国古代金银器
　2. 中国古代漆器
　3. 中国古代藏书
　4. 中国古代石雕
　5. 中国古代雕刻
　6. 中国古代书法
　7. 中国古代木雕
　8. 中国古代玉器
　9. 中国古代青铜器
　10. 中国古代瓷器
　11. 中国古代钱币
　12. 中国古代酒具
　13. 中国古代家具
　14. 中国古代陶器
　15. 中国古代年画
　16. 中国古代砖雕

四、古代建筑系列（12本）
　1. 中国古代建筑
　2. 中国古代城墙
　3. 中国古代陵墓
　4. 中国古代砖瓦
　5. 中国古代桥梁
　6. 中国古塔
　7. 中国古镇
　8. 中国古代楼阁
　9. 中国古都
　10. 中国古代长城
　11. 中国古代宫殿
　12. 中国古代寺庙

五、古代科学技术系列（14 本）
　　1. 中国古代科技
　　2. 中国古代农业
　　3. 中国古代水利
　　4. 中国古代医学
　　5. 中国古代版画
　　6. 中国古代养殖
　　7. 中国古代船舶
　　8. 中国古代兵器
　　9. 中国古代纺织与印染
　　10. 中国古代农具
　　11. 中国古代园艺
　　12. 中国古代天文历法
　　13. 中国古代印刷
　　14. 中国古代地理

六、古代政治经济制度系列（13 本）
　　1. 中国古代经济
　　2. 中国古代科举
　　3. 中国古代邮驿
　　4. 中国古代赋税
　　5. 中国古代关隘
　　6. 中国古代交通
　　7. 中国古代商号
　　8. 中国古代官制
　　9. 中国古代航海
　　10. 中国古代贸易
　　11. 中国古代军队
　　12. 中国古代法律
　　13. 中国古代战争

七、古代文化系列（17 本）
　　1. 中国古代婚姻
　　2. 中国古代武术
　　3. 中国古代城市
　　4. 中国古代教育
　　5. 中国古代家训
　　6. 中国古代书院
　　7. 中国古代典籍
　　8. 中国古代石窟
　　9. 中国古代战场
　　10. 中国古代礼仪
　　11. 中国古村落
　　12. 中国古代体育
　　13. 中国古代姓氏
　　14. 中国古代文房四宝
　　15. 中国古代饮食
　　16. 中国古代娱乐
　　17. 中国古代兵书

八、古代艺术系列（11 本）
　　1. 中国古代艺术
　　2. 中国古代戏曲
　　3. 中国古代绘画
　　4. 中国古代音乐
　　5. 中国古代文学
　　6. 中国古代乐器
　　7. 中国古代刺绣
　　8. 中国古代碑刻
　　9. 中国古代舞蹈
　　10. 中国古代篆刻
　　11. 中国古代杂技